MANUAL DE GUERRA ESPIRITUAL

CLAUDIO DE CASTRO

CÓMO **DEFENDERTE** DEL DEMONIO

Aprende a reconocer y **VENCER** sus principales estrategias para alejarte de Dios.

Copyright © 2021 Claudio de Castro
IMPRIMATUR

Todos los derechos reservados.

ISBN: 9798704704379

DEDICATORIA

A todos aquellos que se esfuerzan cada día por hacer la voluntad de Dios y nos muestran el camino de la salvación.

A nuestra Madre del cielo, la Inmaculada Concepción, y siempre Virgen María.
"Te pedimos tu bendición".

A ti Glorioso san José, nuestro Padre y Señor, te encomendamos a nuestros lectores.
"Y pedimos tu protección".

CONTENIDO

INTRODUCCIÓN 17

CAPÍTULO UNO

CONSERVA LA GRACIA DE DIOS 23

DIGAMOS SU NOMBRE: "EL DEMONIO" 31

OCURRIERON COSAS RARAS 41

CAPÍTULO DOS

EL MUNDO INVISIBLE 51

EL DEMONIO NO QUIERE QUE HABLEN DE ÉL 57

EL MALIGNO TIENE UN "AS" BAJO LA MANGA 63

NUNCA SUBESTIMES AL DEMONIO 65

EL DEMONIO NOS ENGAÑA CON LAS ESCRITURAS ... 67

LA TRAMPA DEL MALIGNO 69

LA ORACIÓN PARA ALEJAR AL DEMONIO 77

CHARLA CON UN EXORCISTA 81

LA VISIÓN DEL INFIERNO 83

CAPÍTULO TRES

¿SABES A QUIÉN NOS ENFRENTAMOS? 89

EL PERFIL DEL DEMONIO 93

¿QUÉ SABEMOS DE ÉL? 94

¿Y SU PERFIL CRIMINAL? 96

CÓMO TE ATACA..99

LAS TRAMPAS DEL DEMONIO...................................103

LAS MÁS EFICACES ESTRATEGIAS DEL DEMONIO ...107

PREGUNTANDO A UN EXORCISTA 119

CAPÍTULO CUATRO

¿ESTAMOS EN DESVENTAJA? 125

10 HÁBITOS PARA FORTALECERNOS 129

LOS 10 HÁBITOS..135

CUÍDATE DE LOS INFILTRADOS 139

EL PECADO NO ES MÁS GRANDE QUE EL AMOR DE DIOS...145

UN MINUTO DE ORACIÓN 149

ORACIONES DE FÁTIMA..157

CAPÍTULO CINCO

EL DEMONIO ODIA LA BIBLIA 161

BIBLIAS OLVIDADAS 163

CAPÍTULO SEIS 173

NUESTRA META ES EL CIELO....................................173

DE GUERRA CONTRA EL DEMONIO 179

UNA ORACIÓN DE LIBERACIÓN 185

ORACIÓN DE LIBERACIÓN Y EXPULSIÓN DE LAS OBRAS DEL MALIGNO...186

CAPÍTULO SIETE

DESNUTRIDOS DEL ALMA 195

ALIMENTO PARA EL ALMA 199

NO HAGAS TRATOS CON EL DEMONIO 203

LA PROMESA DE LA VIRGEN 209

ACUDE A MARÍA 211

¡MIRA A LA ESTRELLA, INVOCA A MARÍA!............... 215

EL ANTÍDOTO CONTRA EL DEMONIO 217

DESPLAZA EL MAL CON EL BIEN 219

LA SEÑAL DE LA CRUZ... 225

LA GRACIA A CUENTAGOTAS 233

LA ORACIÓN PARA TRIUNFAR 235

NUESTRAS DEBILIDADES 239

NO ESPERES PARA CONFESARTE.............................. 245

PUEDES VENCER AL DEMONIO 249

DIOS MÍO, PERDÓNAME 261

PARA TERMINAR 265

EL AUTOR.. 279

AGRADECIMIENTO

Este libro es un *proyecto colectivo*. Gracias a todos los que participaron, los que me compartieron sus fuertes vivencias, a los que anhelan vivir en la presencia de Dios, se esfuerzan en lograrlo, y nos acompañaron con sus plegarias mientras escribíamos el libro. Me encomiendo humildemente a sus oraciones.

UN LIBRO IMPORTANTE PARA LA LUCHA ESPIRITUAL

El demonio está suelto. Es la hora del Combate Espiritual. Saca tu Rosario y reza. Atalo, no te dejes seducir. Desplaza el mal con el bien.

Amable lector, el demonio existe, no lo dudes, y *estamos en guerra,* en medio de una batalla espiritual de dimensiones desconocidas. Eso es un hecho. Libramos un combate espiritual. El Papa, las enseñanzas de la Iglesia, el Catecismo y la Biblia **nos advierten del peligro y no escuchamos.** El Papa Francisco nos pide rezar y estar alertas, alejarnos de él porque es un hábil seductor, un perdedor muy peligroso. Te vamos a mostrar lo que es capaz y cómo te puedes defender.

Tienes en tus manos uno de los libros más esperados del autor católico Claudio de Castro. Es verdaderamente extraordinario, una obra de crecimiento y **combate espiritual**, para que conozcas las verdades que pocos te dicen. Empieza mostrándonos al innombrable, y lo expone, podrás reconocer su presencia e influencia en el mundo y terminará señalando el triunfo del Inmaculado Corazón de María y la bondad de Dios, nuestro Padre que nos ama incondicionalmente a pesar de lo que somos y hacemos. Está escrito en un lenguaje tan sencillo que cualquiera es capaz de comprender.

Sus enseñanzas enriquecerán tu vida espiritual. Es un libro recomendando para cualquiera que desee conocer este escabroso y polémico tema: seminaristas, sacerdotes, laicos, estudiantes y religiosas.

Conocerás al leerlo:

1. La astucia y **maldad** del demonio.
2. Sus motivos para odiarnos.
3. Sus más perversas estrategias de seducción para hacernos caer en el pecado mortal.
4. Sabrás **cómo vencerlo** y salvar tu alma.

Te muestra lo que ocurre en *un mundo invisible*, espiritual, que no podemos ver, pero que está allí, interactuando con el nuestro, que es visible y material.

Cada página de este libro te alerta del peligro inminente para tu alma, señala las minas sembradas en el camino para que no las pises y a la vez te muestra las bondades de permanecer en la gracia santificante, cercanos a nuestro Dios y Padre celestial. Un detalle sumamente interesante es la forma cercana como te describe las historias, personas que han tenido experiencias espantosas. Sientes que estás en medio, viendo lo que ocurre. Y sabes lo que debes hacer. Lo genial de este libro es que **te abrirá los ojos a una realidad** que pocos advierten y que nos afecta de formas inimaginables. Como nos dijo un lector: *"Te explica claramente que por causa del maligno el mundo está cómo está,* *pero también nos enseña que Dios es amor y nos ama tanto que, si confiamos en Él y seguimos sus caminos, todo irá bien en nuestra vida".*

Este es el tercer libro que escribe Claudio de Castro sobre la existencia y *brutalidad* del demonio. El autor de este polémico libro es el mismo escritor que nos dio: "El Mundo Invisible", uno de los libros católicos más vendidos en su categoría, y que exponía al demonio como realmente es.

Un lector escribió esta nota tal vez conociendo la magnitud de la verdad, y por qué existe el mal. *"El Mundo Invisible es un libro extraordinario* que confirma la lucha de hoy y siempre entre mal y el bien; de cómo el bien prevalecerá, en base al legado inmenso que nuestro Señor Jesucristo nos ha dejado y que incluso pone a nuestro alcance. **Efectivamente el mal existe y mucho de ello se debe a nuestra falta de Amor para Dios**".

Como una secuela de "El Mundo Invisible" y escrito de forma similar, con un contenido enriquecedor, ahora Claudio nos presenta éste, que es su nuevo libro sobre Satanás y los demás ángeles caídos. Describe lo que son, sus oscuras y sórdidas estrategias y la forma inescrupulosa como nos atacan.

Te muestra, con las enseñanzas de la Iglesia, **cómo puedes salvar tu alma** en momentos extremos de peligro o enfermedad.

También contiene de un sacerdote católico una efectiva y poderosa: **"ORACIÓN DE LIBERACIÓN Y EXPULSIÓN DE LAS OBRAS DEL MALIGNO"**.

Este extraordinario libro es un **"Manual de Guerra Espiritual"**. Con él aprenderás a defenderte de sus ataques, a través de la oración, la humildad, la fe, las enseñanzas de nuestra Iglesia católica y la Biblia. Te servirá para no bajar la guardia en tu vida de oración, y descubrir que **la vida es una batalla espiritual constante.**

Al terminar de escribirlo, en obediencia se envió al Arzobispado, con una nota, pidiendo que el Censor Eclesiástico revisara su contenido, para tener la certeza que estaba acorde con las enseñanzas de nuestra Iglesia. Hoy, luego de un tiempo de espera, nos dieron el visto bueno de publicarlo. ¡Una maravillosa noticia para todos los lectores!

Esperamos que el libro, sin duda polémico, toque muchos corazones y te ayude a comprender que la vida es una batalla constante, pero también un don que se nos otorga para ser santos, conquistar nuestros sueños y custodiar y fortalecer **la gracia de Dios** en nuestras almas.

¡Dios te bendiga amable lector!

INTRODUCCIÓN

"Oh Dios, crea en mí un corazón puro..."
(Salmo 51)

El hombre se llamaba Pablo y tuvo una aventura extraordinaria. "Dios obraba por medio de Pablo milagros no comunes, de forma que bastaba aplicar a los enfermos los pañuelos o mandiles que había usado y se alejaban de ellos las enfermedades y salían los espíritus malos. Algunos exorcistas judíos ambulantes intentaron también invocar el nombre del Señor Jesús sobre los que tenían espíritus malos, y decían: «Os conjuro por Jesús a quien predica Pablo.»

Eran siete hijos de un tal Esceva, sumo sacerdote judío, los que hacían esto. Pero el espíritu malo les respondió: *«A Jesús le conozco y sé quién es Pablo; pero vosotros, ¿quiénes sois?»* Y arrojándose sobre ellos el hombre poseído del mal espíritu, dominó a unos y otros y pudo con ellos de forma que **tuvieron que huir de aquella casa desnudos y cubiertos de heridas**." (Hechos 19)

El que se mete con fuego se quema. Es así de sencillo. Por eso los exorcistas actuales son sacerdotes designados por el obispo local. Deben ser "presbíteros piadosos, doctos, prudentes y con integridad de vida".

A lo largo de su trabajo desarrollan la habilidad para descubrir posesos, pueden diferenciarlos de los que tienen problemas sicológicos y poseen la potestad de expulsar espíritus inmundos.

Pero vayamos más despacio. Hablemos primero del demonio. ¿Es posible que sea una leyenda urbana? ¿Existe? ¿Es poderoso? ¿Hay que temerle? ¿En verdad puede fastidiarme? El hombre, por el **libre albedrío**, su voluntad propia, tiene una capacidad infinita para hacer el bien, o para el mal. El demonio lo sabe y nos empuja al mal. Es consciente que la oscuridad en nuestras almas, el pecado, es capaz de desplazar la luz, la bondad y la gracia de Dios en nuestras almas. El bien no convive con el mal en el mismo espacio. Todo lo que sea destrucción, muerte y perdición eterna, le complace.

Hace poco estuve viendo una película que mostraba la realidad de los campos de concentración nazis y el asesinato sistemático de millones de judíos. Me conmovió profundamente. Mi familia por parte de mi papá es judía. Tengo primos rabinos y familiares y conocidos que vivieron la Shoah. Durante los juicios de Núremberg, en el que se juzgaron criminales de guerra nazis, se mostraron películas que helaban la sangre, filmadas por los americanos cuando liberaron los campos de concentración, se leyeron testimonios y entrevistaron a sobrevivientes y colaboradores. Los crímenes cometidos durante el Holocausto sobrepasan nuestra capacidad de entendimiento como seres humanos. Personas aparentemente normales, vecinos, amigos, se prestaron para colaborar. Uno de los prisioneros liberados relata que una noche se escucharon gritos estremecedores de niños en el campo. Los nazis se habían quedado sin gas para matar a los judíos en las cámaras y estaban quemando vivos a los niños, para no detener el proceso de la matanza.

¡Cuánto odio por la humanidad! Parece que la única finalidad que tiene Satanás, su propósito para existir, su único motivo, es destruirnos, odiar todo lo creado por Dios y robarnos una maravillosa eternidad en el Paraíso, al lado de nuestro Padre Celestial.

Quiere apartarnos de la presencia de Dios, haciéndonos dudar de todo, con el relativismo moral. Estamos en medio de una batalla campal, espiritual, en la que se pierden millones de almas y otras pocas se salvan. Salva tú, la tuya, la de tus seres queridos y todas las que puedas en tu paso por este mundo. Que de ti se diga: *"pasó por el mundo haciendo el bien"*.

Ganemos almas para Dios, alejándolas del pecado, con nuestras palabras y buen ejemplo, con nuestras oraciones y sacrificios. "Rezad, rezad mucho, y haced sacrificios por los pecadores, pues muchas almas van al infierno por no tener quién se sacrifique y pida por ellas", les dijo la Virgen en Fátima a los pastorcito Jacinta, Francisco y Lucia. ´¿La escucharemos? ¿Haremos caso omiso? Depende de nosotros.

Encomendemos a Dios nuestras vidas y pidamos siempre su protección paternal.

> Protégenos Señor. "*…no nos dejes caer en tentación, más líbranos del mal.*"
> (Mateo 6)

Ahora empecemos…

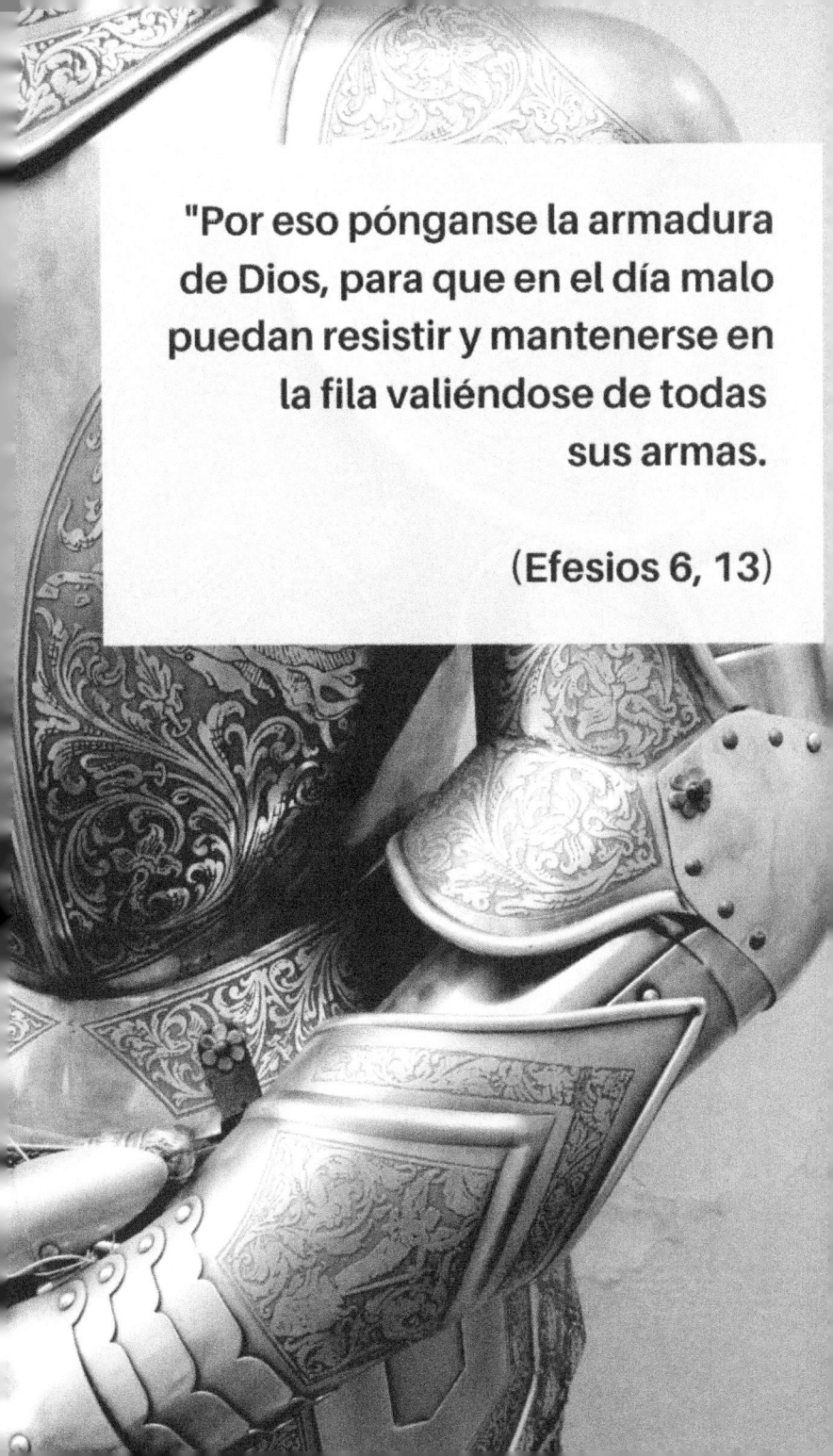

"Por eso pónganse la armadura de Dios, para que en el día malo puedan resistir y mantenerse en la fila valiéndose de todas sus armas.

(Efesios 6, 13)

Tienes que tomarte en serio la salvación de tu alma.

CAPÍTULO UNO

EL LIBRO

CONSERVA LA GRACIA DE DIOS

Soy un laico, estoy casado, tengo 4 hijos y una nieta. Seguro te preguntarás por qué me meto en estos apuros. ¿Cómo se me ocurre escribir este libro? ¿Acaso no veo las consecuencias? Es muy sencilla la respuesta. He aprendido a dejarme llevar como un bote en altamar que despliega sus velas y deja a Dios que sople y le lleve donde Él quiera. Sigo sus inspiraciones Divinas y procuro hacer lo que siento que es su santa voluntad, lo que me pide hacer, el propósito de mi existencia. Una vez me preguntaron: "¿Con que autoridad escribe estos libros? ¿Qué clase de teólogo es usted?" Creo que mi respuesta no fue la que esperaba: "No soy sacerdote. Tampoco teólogo. Mi padre era hebreo, mi madre católica. Crecí con ambas culturas. Soy católico por convicción. Mi escuela de espiritualidad se encuentra en las enseñanzas de la Iglesia católica, que es Madre y maestra, en la lectura de las Sagradas Escrituras, la oración fervorosa, postrándome ante el sagrario en adoración a Jesús Sacramentado y en **la contemplación continua de la cruz**, donde aprendo la humildad, obediencia, amor y sacrificio. En mis libros no hablo de teología ni de temas profundos que desconozco. Son libros vivenciales, con historias cotidianas de un padre de familia, expuesto a las dificultades como muchos otros, por eso están escritos en un lenguaje muy sencillo. Comparto mis experiencias como un católico más que busca al Padre Celestial, un gran pecador que cae, se levanta y anhela escalar la montaña de Dios para verlo algún día, una persona apasionada por compartir un tesoro extraordinario: la fe. Ahora que lo sabe, ¿sería tan amable de rezar por mí?" Nunca me respondió.

Le consulté a un sacerdote en el Arzobispado si debía escribir mi primer libro sobre el demonio. "No tengo estudios de teología. Soy un padre de familia, con hijos y una nieta, casado hace muchos años. Me apasiona escribir. ¿Le parece bien que escriba sobre nuestra fe y mi vida como católico y ahora este libro para exponer al demonio en el mundo?" Me sonrió con amabilidad y respondió: "Escribe Claudio. Los laicos tienen mucho que aportar a la Iglesia. El hecho de conocer a un laico que escribe libros sobre nuestra fe me parece maravilloso. Anda a tu casa, lo escribes y cuando termines lo traes para que el Censor Eclesiástico lo lea y dictamine que no contiene errores de doctrina. Por favor, no dejes de escribir. **Tus libros harán mucho bien**". Después de esas nobles palabras me dio su bendición sacerdotal y me marché para seguir escribiendo. El libro estuvo tres meses en el arzobispado bajo revisión, hasta que me dieron el visto bueno para publicarlo. Desde entonces, este polémico y discutido libro: "**El Mundo Invisible**", ha estado en primeros lugares de ventas en su categoría de Amazon.

Siempre recuerdo las amables palabras de este buen sacerdote que hace poco partió para el Paraíso: "No dejes de escribir Claudio, tus libros harán mucho bien". Es lo que procuro hacer, yo escribo y le pido a Jesús que sea Él quien toque los corazones de los lectores. Deseo que abra tu mente y corazón y puedas ver la verdad. No sé si también lo has notado, últimamente he visto tanto escepticismo en el mundo, leo los diarios con noticias terribles. Te das cuenta que algunas situaciones no son normales. Una presencia "invisible" y malévola parece interactuar con nuestro mundo llevándolo al despeñadero. Se blasfema contra Dios en las redes sociales. No saben lo que hacen. No lo conocen ni han experimentado su amor incondicional. Quiero dar una voz de alerta. **Los católicos no podemos quedarnos callados, no es una opción.** Tenemos que esforzarnos en vivir el evangelio y ser un reflejo del amor de Dios en este mundo. Estamos llamados a la santidad. Sé que no seré quien motive los cambios ni tendrán mucho eco mis palabras, pero al menos doy mi gota de agua al mar. Es como decía la madre Teresa de Calcuta: *"A veces sentimos que lo que hacemos es tan solo una gota en el mar, pero el mar sería menos si le faltara esa gota".*

Para escribir este libro tuve que hacer un alto en mi vida. Es curioso, recibí un email que llamó mi atención, decía: *"No escribas ese libro"*. He reflexionado mucho, consultado a personas que conocen el tema y lo manejan mucho mejor que yo. Hablé con sacerdotes, seminaristas, escritores, personas que lo han enfrentado y exorcistas. Dediqué muchas horas a la lectura, buscando información de primera mano y sobre todo he orado mucho con el santo Rosario en la mano, igual que hice cuando escribí: "El Mundo invisible".

Un sacerdote con el que me reuní para hablarle de este libro y pedirle que me orientara, tomó muy en serio mi proyecto, se preocupó y me aconsejó: "Para escribir un libro de esta magnitud, **debes conservar en todo momento la gracia de Dios.** Sin la gracia estamos perdidos. El demonio al darse cuenta que planeas escribir sobre él, puede desatar una tormenta sobre ti, para asustarte, hacerte caer en pecado o desanimarte y que no sigas escribiendo. **No lo subestimes ni lo enfrentes.** Tú solo escribe, como quien ve un árbol a la distancia y lo describe. No te acerques. No abandones la oración, por ningún motivo y pide a la Virgen María que te cubra con su manto protector". Sabía que este polémico tema sobre el demonio me traería problemas. Antes de marcharme me recomendó rezar con los salmos. Son 150 himnos bellísimos, alabanzas a Dios. Estuvieron en los labios de Jesús, san José y de la Virgen María.

Tenía mi librito de salmos guardado en una de las gavetas de mi mesita de noche. Lo abrí consciente de la importancia de este momento y me salió el salmo 91. Me estremeció el alma. Descubrí a un Dios bueno y misericordioso, un Padre amoroso, que nos ama incondicionalmente, para quien **NADA ES IMPOSIBLE**, y que en su bondad cumple siempre sus promesas.

Encontré la clave para concluir sin tropiezos este libro: "Vivir en la presencia del Dios Altísimo. Custodiar el estado de gracia como un tesoro muy valioso. Y confiar en su amor y protección". Como todo lo que hago en esta vida, se lo ofrezco a Dios y lo pongo bajo su protección e inmenso amor.

> "Tú que habitas al amparo del Altísimo
> y resides a la sombra del Omnipotente,
> dile al Señor: **"Mi amparo, mi refugio, mi Dios, en quien yo pongo mi confianza"**.
>
> Él te librará del lazo del cazador
> y del azote de la desgracia;
> te cubrirá con sus plumas
> y hallarás bajo sus alas un refugio.
> **No temerás los miedos de la noche**
> ni la flecha disparada de día,
> ni la peste que avanza en las tinieblas,
> ni la plaga que azota a pleno sol".

Las Sagradas Escrituras nos advierten de lo que ocurrirá muy pronto. Es una profecía fuerte, que sacude el alma y estremece el corazón de cualquiera *"...**vendrá un tiempo en que los hombres no soportarán la doctrina sana,** sino que, arrastrados por sus propias pasiones, se harán con un montón de maestros por el prurito de oír novedades; **apartarán sus oídos de la verdad y se volverán a las fábulas**."* (II Timoteo 4)

Me pregunto si ya estamos en entrando en esos tiempos de caos y confusión en la fe. Varios amigos me han llamado en estos días preocupados por la situación del mundo, mientras escribía este libro. A todos les he respondido lo mismo" "Solo Dios sabe cuándo ocurrirán estas cosas y será el regreso de Jesús. La Biblia nos dice 365 veces, una vez para cada día del año: NO TENGAS MIEDO. No hay que temer, hay que vivir alegres, confiados y seguros del amor de Dios".

Es hora de levantar nuestras miradas al cielo y llevar el Evangelio a todos los rincones, nuevamente, como nos pidió Jesús. El tiempo de mirar en silencio lo que ocurre, pasivamente, ya pasó. No tengas miedo de levantar tu voz y *defender* tu Iglesia, la verdad y nuestra fe, con gestos de misericordia y amor. Debes instruirte, conocer la Doctrina del Iglesia Católica, las "*verdades de fe*", para poder amarla y defenderla.

Abre hoy mismo un diario y lee la primera plana. El anticatolicismo crece en muchos lugares. Realmente atacan algo que no conocen, no es lo que ellos piensan. El catolicismo se basa en las enseñanzas de Jesús, la tradición apostólica, el respeto a las personas y en el amor a Dios, al prójimo y a uno mismo. Estamos llamados a la santidad.

¿En que creemos? En el Credo encuentras los principios fundamentales de nuestra fe. Algunas personas ven el mal ejemplo de un católico, un sacerdote, un obispo y generalizan metiéndonos a todos en el mismo saco. **Juzgan el bosque por un árbol que ha caído.** Olvidan que hay muchos árboles sanos y robustos, millones de católicos que se esfuerzan cada día por vivir su fe y seguir los pasos de Jesús. Personalmente conozco sacerdotes extraordinarios con una vida de fe profunda que son un ejemplo maravilloso para mí. Suelo escribirles y les digo: "Gracias por tu sacerdocio y tu fidelidad". Esto no sido suficiente para evitar que, en lugares como Argentina, aprueben leyes contra la vida. La influencia del demonio es clara y muy sutil. Es más fácil para él lograr que diputados de diferentes países legislen contra la moral, la fe, la conservación del medio ambiente y el respeto a la vida, afectando de golpe a millones de personas. La mentira se hace pasar por verdad. La naturaleza sufre una severa devastación, en beneficio de algunas personas que talan bosques para vender la madera. El Evangelio se acomoda al gusto de las personas, tergiversando las verdades de la Fe. Pobre humanidad que no es capaz de ver lo que hay detrás de tanta destrucción moral, espiritual y material.

Muchos señalan a los mensajeros, los que hacen estas leyes aberrantes contra la vida humana, el aborto, los que promueven las guerras, la corrupción descarada en algunos gobiernos, los crímenes cotidianos y otras barbaridades. **Yo busco al que envía el mensaje, el que orquesta todo**, y se esconde detrás las sombras oscuras del mundo: *"el innombrable"*.

Mientras nos entretenemos leyendo noticias, comentando en las redes sociales, él desarrolla estrategias para hacernos pecar. Es muy hábil, planifica con astucia cómo hacernos daño. Aprovecha esta prolongada cuarentena por el Coronavirus para sumergirnos en el desaliento y la tristeza, debilitando nuestra fe y espiritualidad. Sé de varios que se han suicidado.

Este libro quiere desenmascararlo, mostrarlo como es, quién es en realidad y lo que podemos hacer para descubrirlo y defendernos. Vivimos los tiempos que nos tocan vivir. Tu haz lo tuyo, confía, ora, vive feliz y deja a Dios hacer lo suyo que lo hará muy bien. ¡Ánimo!

DIGAMOS SU NOMBRE: "EL DEMONIO"

"Acuérdate de mí, Señor, tú que amas a tu pueblo, que tu visita traiga tu salvación." (Salmo 106)

Una forma abominable; su boca era horrible. Parecía que de su cuerpo salía una gran llama, y que no proyectaba ninguna sombra." Así describe santa Teresa de Jesús al diablo, cuando lo vio, en uno de sus muchos encuentros.

El 29 de junio de 1972 el Papa Pablo VI en una audiencia general pronuncia aquellas terribles palabras que han quedado grabadas para la posteridad:

"Se diría que **a través de alguna grieta ha entrado el humo de Satanás en el Templo de Dios.** Hay dudas, incertidumbres, problemática, inquietud, insatisfacción, confrontación. Ya no se confía en la Iglesia. Se confía más en el primer profeta profano que nos viene a hablar desde algún periódico o desde algún movimiento social… ¿Cómo ha ocurrido todo esto? Ha *habido un poder, un poder adverso.* Digamos su nombre: *"***EL DEMONIO"**, este misterioso ser que está en la propia carta de San Pedro *y al que se hace alusión tantas y tantas veces en el Evangelio en los labios de Cristo".*

Sabemos que el diablo existe igual que el infierno a donde van los condenados. Ambos son una triste realidad. Y su influencia en este mundo se puede rastrear. *Es visible.* Se extiende como una mancha de aceite sobre el agua, contaminando, envenenando, contagiando a los incrédulos y los grandes pecadores. Pero, es tan sutil que debes ver con cuidado. Recuerdo haber leído aquella anécdota del Padre Pio de Pietrelcina, cuando un hombre se le acercó para burlarse y decirle: *"No creo en el infierno padre Pio",* a lo que el buen franciscano le respondió: *"Ya creerás cuando estés allá".*

El Catecismo nos dice: "La enseñanza de la Iglesia **afirma la existencia del infierno y su eternidad**. Las almas de los que mueren en estado de pecado mortal descienden a los infiernos inmediatamente después de la muerte y allí sufren las penas del infierno, "el fuego eterno".

En el año 2012 san Juan Pablo II decía: *"Todo hombre es tentado por su propia concupiscencia y el mal ejemplo de los demás, así como por el demonio y **es más tentado, aun cuando menos lo percibe**".*

Estamos ante un espíritu caído, tenebroso, experto en estrategias aborrecibles para hacer daño al hombre y la mujer. Y esto lo hace muy peligroso, actuando en las sombras, oculto a la vista de todos.

Para escribir este libro parto de una premisa muy sencilla: *"Si no conoces a tu enemigo, ¿cómo te vas a defender de él? Necesitas conocer sus motivos para hacerte daño, sus debilidades y estrategias"*. Los grandes estrategas como Sun Tzu en "El Arte de la Guerra" nos dicen lo mismo: *"Conoce a tu enemigo y conócete a ti mismo, y saldrás triunfador en mil batallas"*.

Debes saber que existe el demonio y mantenerlo a raya, a distancia y hacer caso omiso de sus insinuaciones para llevarte al pecado. Me di cuenta de que no había dicho lo necesario, en mi primer libro sobre el demonio: "El Mundo Invisible". Muchos aun hoy ven al odiador como una fábula, la personificación del mal y no como un ser personal, con inteligencia.

Comprendí que faltaban temas por tocar sobre la realidad demoniaca, que aún se mantiene **un silencio vergonzoso** en torno a la existencia, acciones ocultas y maquinaciones del demonio en nuestra iglesia, el mundo y la familia. Es el gran adversario de la humanidad. Por eso escribí este incómodo libro que continúa la saga del libro anterior, con el mismo ritmo, llenándolo de anécdotas valiosas, en un lenguaje muy sencillo, al alcance de todos los lectores.

Vamos a compartir testimonios, oraciones de sanación, historias impactantes y las enseñanzas de nuestra santa Madre Iglesia.

Conoceremos las estrategias más comunes del demonio. Créeme, *no es un enemigo cualquiera*, no te descuides ni por un momento, **nunca lo subestimes** pues podrías llevarte una desagradable sorpresa. Su afán de hacernos daño te sobrepasa.

Tú eres un simple mortal, limitado en tus actuaciones y él, un espíritu atemporal, para quien el tiempo no es un limitante. Es un ángel caído, muy hábil, inteligente, extremadamente astuto y *"malo con ganas"*, como decimos en mi país.

Escribí este libro para ti, prácticamente de una sentada, al ver los escándalos y las cosas terribles que se viven en el mundo, la pérdida de fe, el relativismo moral, la vida disoluta, la ausencia de Dios en la vida de tantos jóvenes. Es un tema escabroso que muchos no quieren tocar. Y tienen razón. Da tristeza. San Juan Crisóstomo al hablar de este tema decía: "No es para mí ningún placer hablaros del diablo, pero la doctrina que este tema me sugiere, será para vosotros muy útil". Imagina que ves a una persona a punto de sufrir un accidente mortal y que puedes evitarlo. ¿Qué haces? Harías lo que cualquiera de nosotros: "¡Eh, cuidado!" Le adviertes del peligro inminente para salvar su vida. Es lo que pretendo hacer con este singular libro, advertirte del peligro en que te encuentras, para que reflexiones y cambies, vuelvas tu mirada a Dios, vivas el Evangelio, ores con fervor, acudas a los sacramentos de nuestra Iglesia y salves tu alma inmortal. ¡No te dejes amable lector! ¡Da la batalla interior! Todo lo que hagas por tu alma, para ganarte una maravillosa eternidad en el Paraíso, será poco a cambio del premio que recibirás. Estando en tu verdadera Patria, el cielo, vas a comprender que esas dolorosas enfermedades que ofreciste a Dios, tus sacrificios, ayunos, oraciones, incomprensiones, persecuciones, valieron la pena y con gusto los volverías a vivir.

Decía san Juan Vianney: "Si pudiésemos pasar un momento en el cielo, comprenderíamos lo que vale este momento de sufrimiento aquí en la tierra. Ninguna cruz nos parecería pesada, y ninguna prueba volvería a ser amarga". A veces sientes como si Dios me dijera: "Vamos, esfuérzate, tú puedes. Te espero en casa".

¿Podemos ser hermanos de Jesús y vivir en santidad? ¿Cómo? Es muy sencillo. Él mismo nos dio la clave, *cumpliendo la voluntad de Dios* que es perfecta. "… **todo el que cumpla la voluntad de mi Padre celestial, ése es mi hermano**, mi hermana y mi madre". (Mateo 12)

Te aseguro que si pudieras ver el rostro de Jesús cuando caes en pecado, NUNCA VOLVERÍAS A PECAR. Le duele ver cómo te alejas "voluntariamente" de Dios, porque fuiste creado para amar y vivir una eternidad al lado de Dios. Da tristeza saber que millones de almas se pierden en el infierno por el tipo de vida que llevaron y que el pecado es voluntario, **nadie te obliga a pecar.**

¿Quieres salir del atolladero en que te metiste? Te doy una recomendación sensata, **busca a Jesús**, es un gran amigo. Es mi mejor amigo desde la infancia. Me ha demostrado que podemos confiar en Él. Sé que te va a ayudar. Por tus propias fuerzas e inteligencia nunca podrás vencer. Jesús te lo aclaró cuando dijo: ***"Sin mí no podéis hacer nada".*** (Juan 15, 15) Créeme cuando te digo esto: *"Con Él lo puedes todo".*

Confía, todo saldrá bien.

Haz la prueba. No quedarás defraudado. Te lo garantizo. Y es algo que te aseguro no porque lo haya leído, sino porque a diario lo vivo. Jesús es un amigo increíble, el mejor de todos. Es generoso y bueno.

Le encanta darlo todo de sí, llenarnos con gracias abundantes. Quiere que des la batalla y consigas el triunfo, que logres salvar tu alma. Anhela que pases una eternidad con Él, para mostrarte las maravillas del Paraíso, y experimentes el amor eterno de su Padre que o cambiará todo para ti.

EL MEJOR CONSEJO

El mejor consejo para antes de iniciar este libro lo encontré en las Sagradas Escrituras:

"Prepárate para la prueba".

"Si te has decidido a servir al Señor, prepárate para la prueba. Conserva recto tu corazón y sé decidido, no te pongas nervioso cuando vengan las dificultades. Apégate al Señor, no te apartes de él; si actúas así, arribarás a buen puerto al final de tus días. Acepta todo lo que te pase y sé paciente cuando te halles botado en el suelo. Porque, así como el oro se purifica en el fuego, así también los que agradan a Dios pasan por el crisol de la humillación. Confía en él y te cuidará; sigue el camino recto y espera en él." (Eclesiástico 2)

Toda mi vida he buscado a Dios, en ocasiones me he alejado y Él siempre acude a mi rescate, me tiene su mano paternal y me dice: ***"No temas, Yo estoy aquí, contigo".***

Bajo su amparo inicié este proyecto católico. Le dije sencillamente: "Yo escribo. Tu roca los corazones, sana a las personas que lean estos libros, ayúdalos en sus necesidades, muestrales tu presencia poderosa y tu amor incondicional".

He aprendido algo con la edad: "Todo tiene su porqué". Es curioso, ya que en un principio nos cuesta comprender. Me ocurre con frecuencia. Aun así, Dios siempre saca lo mejor de nosotros. A mí en lo personal, me cuesta mucho. Y es que los problemas siempre llegan acompañados, juntos, como en racimos. ¿Lo has notado? Es algo incompresible. Una mañana se daña el automóvil, luego empiezas a tener problemas en el trabajo. La nevera deja de enfriar. Te desconectan el teléfono. Parece que todo irá de mal en peor. Esos son los momentos predilectos del demonio para atacarnos con fuertes tentaciones y hacernos dudar del amor de Dios. Te preguntas: "¿Por qué Dios lo permite?" Si te sientas unos momentos a reflexionar comprendes que, en realidad, es un tiempo de prueba para fortalecer nuestra fe y confiar. La Biblia te advierte que los momentos de prueba no faltarán. Pero también te brinda orientación y palabras de consuelo.

"**Aceptas todo lo que te pase** y sé paciente cuando te halles botado en el suelo. Porque, **así como el oro se purifica en el fuego, así también los que agradan a Dios pasan por el crisol de la humillación**. Confía en él y te cuidará; sigue el camino recto y espera en él. Ustedes que temen al Señor, esperen su misericordia, no se aparten de él, pues podrían caer. Ustedes que temen al Señor, confíen en él: no perderán su recompensa. Ustedes que temen al Señor, esperen recibir todo lo que vale la pena: esperen misericordia y alegría eterna. Recuerden lo que les pasó a sus antepasados: ¿quién confió en el Señor y se arrepintió de haberlo hecho? ¿Quién perseveró en su temor y fue abandonado? ¿Quién lo llamó y no fue escuchado?" (Eclesiástico 2, 4-10)

Basta un acto de fe. El tiempo despejará las nubes para que veamos el cielo abierto. Sólo hay que confiar. Cuando las cosas no marchan bien me digo: "Confía Claudio. Debes confiar." Y de pronto, inesperadamente, todo se soluciona. Descubres que es una experiencia extraordinaria confiar en Dios, ofrecerle tu vida, tus actividades cotidianas, que vale la pena abandonarse en su amor. Llega un momento sublime que le dices:

> "Señor,
> cuando tú lo quieras,
> lo que tú quieras,
> como tú lo quieras".

Me ha ocurrido tantas veces. El demonio quiere hacerme dudar, que reniegue del amor de Dios. Hace lo imposible para golpear mi pobre fe y en muchas ocasiones me ha llevado al borde del abismo con dificultades, problemas e injusticias, a los que no encuentro una solución. Te arrincona y te sugiere que hagas muchas tontería, pero hasta allí llega su poder. No puede hacer que des el salto de la desconfianza o que reniegues de Dios. Eso te toca a ti. Lo haces voluntariamente, sabiendo que Dios te ama y nunca te abandona, a pesar de lo mal que se vean las cosas. Por eso es un gran pecado. La desconfianza de sus hijos, hiere mucho a Dios. Y es natural.

El salmo 53 nos dice estas bellas palabras sobre cómo Dios nos busca y anhela nuestro amor. "Se asoma Dios desde el cielo, mira a los hijos de Adán, para ver si hay alguno que valga, alguien que busque a Dios." (Salmo 53) Me gusta pensar que cuando se asoma desde el cielo, nos ve a todos nosotros, a ti y a mí, y se siente feliz.

"Aquí estamos Señor, para ti y por ti".

El valor de la confianza es inmenso a los ojos de Dios. Me he dado cuenta que todo se basa en confiar. Debemos confiar, no importa que tan oscuro se vea el panorama. Dios nunca nos abandona. Es un Dios cercano. "En realidad no está lejos de nosotros, pues porque "en Él vivimos, nos movemos y existimos". (Hechos 17, 28)

~~

OCURRIERON COSAS RARAS

Jesús a menudo nos recrimina nuestra falta de fe y lo poco que oramos, pues nos hace presa fácil del demonio. Nos quedamos como los apóstoles, **dormidos** en medio de momentos cruciales. "Viene entonces donde los discípulos y los encuentra dormidos; y dice a Pedro: "¿Conque no habéis podido velar una hora conmigo?" (Mateo 26) Y nos advierte: **"Velad y orad, para que no caigáis en tentación; que el espíritu está pronto, pero la carne es débil."** (Mateo 26)

La participación diaria de la santa Misa, la oración y acudir a la Virgen y al buen san José, han sido indispensable para estar protegido durante este proyecto. Además, me permite conservar la gracia santificante, y avanzar en medio de las situaciones "raras", "extrañas", que se han suscitado y que no deseo volver a vivir. Son tantas que salen del ámbito de la casualidad. Ya te contaré de ellas. Se las narré a un amigo sacerdote y me respondió: "Es evidente que "alguien", seguro el innombrable no desea que publiques este libro". Iba a escribir y publicar libros católicos que nos mostraran las verdades y maravillas de nuestra fe. Además, quería exponer los peligros a los que nos enfrentamos en el camino de la vida hacia el Paraíso. Esto último trajo consecuencias. Ya las esperaba. Me lo habían advertido. Y la vida se me complicó.

Desde que tomé la decisión de escribir libros de crecimiento espiritual, narrando mis vivencias en la búsqueda de Dios y los maravillosos testimonios que amigos y lectores me enviaban, experimenté una urgente necesidad de avanzar, perseverar y nunca rendirme. A veces en los peores momentos me digo: "No te rindas Claudio, escribe".

También empezaron actividades muy raras, como un *rechazo sobrenatural*, con eventos muy inusuales que ponían a prueba mi fe y mi necesidad de llevar un mensaje de esperanza. Sí, eran tantas cosas que ponían a prueba mi fe. A veces titubeaba en mi confianza en Dios. Pero yo quería persistir, compartir mis vivencias con Él.

Créeme, no es lo mismo que te hablen de Dios, saber de Dios, leer de Dios, que experimentar a Dios. Su paso te deja un suave murmullo en el alma, es tanto el gozo que se desborda y lo quieres compartir. No deseas que se termine esa experiencia que te cambia la vida y te marca para siempre. Ese era mi consuelo en esta lucha espiritual que se trasladaba también en el ámbito terrenal y me afectaba. Veía la resistencia que me ponía el maligno para que no pudiera seguir adelante. Podía reconocerlo. Era demasiado evidente. Lo veía sembrando dificultades, desánimos, carencias. Parecía tener un librito, como quien lee un guion. y en ocasiones podía percibir lo que se avecinaba. En este camino nunca he estado solo, mi Ángel de la Guarda siempre me ha custodiado. La protección que me brinda la Virgen Santísima, nuestra Madre celestial, los alientos del buen san José que abre las puertas que debo cruzar, la presencia de Dios y el ánimo que recibo de Jesús, mi mejor amigo de la infancia, cada vez que comulgo o le visito en el sagrario, son invaluables. Ellos me animan a perseverar y a continuar, a pesar de todo.

Inicié estos libros católicos armándolos artesanalmente en casa. Fue tanta la acogida que contraté a seis muchachos para que me ayudarán a compaginar las páginas, engrapar las portadas. Y los llevaba armados a una imprenta para que cortaran los bordes con una guillotina. Una tarde salí a buscar hojas blancas. En el camino escuché un trueno fuertísimo.

Recuerdo que miré el cielo y pensé: "Mejor me devuelvo. Seguro viene una tormenta". Cuando llegué a la casa y me estacioné me encontré con una escena surrealista. La casa estaba llena de humo blanco como cuando hay un incendio y los jóvenes todos, afuera en el estacionamiento, temblando, espantados, pálidos.

Un rayo cayó en uno de los hierros de la cocina, haciendo que explotaran 4 aires acondicionados, soltando el gas que llevan, inundando la casa. Recuerdo que uno de ellos mirándome fijamente, con el rostro desencajado, muy agitado me preguntó: "¿Usted a qué se dedica? Esto que ha pasado aquí no es normal. Hay una gran maldad rondando. Yo mejor me voy". Los jóvenes tomaron sus pertenencias y se marcharon. Nunca quisieron volver.

En esos días fui a una emisora de radio donde un amigo que me la ofrecía. Haría un anuncio para mis libros de crecimiento espiritual. No hice más que pisar la cabina de grabación, grabar un mensaje de un minuto y el equipo tuvo un corto circuito y una explosión. El técnico que manejaba la grabadora salió alarmado. "¿Esto qué es? Nunca había ocurrido algo así". Me miró inquieto y añadió resuelto: "Voy a llevarme la grabación para mi casa. Allá la voy a trabajar". Enfermó y estuvo quince días incapacitado con pulmonía.

Solía trabajar con 3 discos duros externos para guardar la información, pues se borraba de mi ordenador sin motivo aparente. Me veo escribiendo una frase sobre el demonio y su influencia en el mundo y la Iglesia. Hago un alto y frente a mí, las palabras empiezan a borrarse solas en la pantalla, como cuando usas el teclado de echar para atrás, del ordenador. "Esto es demasiado", me decía hastiado y cansado. Lo grabé con la cámara de mi celular porque sabía que pocos me creerían. Era insólito.

Pude perseverar con la oración, mi confianza en Dios y gracias a los sabios consejos de amigos sacerdotes. A veces necesitas un director espiritual, lo sé bien, es de gran ayuda para poder discernir en los momentos cruciales de la vida, cuando dudas o pasas por la adversidad. Si éste es tu caso, busca un sacerdote que te ayude.

Parece que de muchas formas el innombrable ha tratado de ponerme trabas, pruebas, y hacerme la vida imposible. Sabe que el abatimiento es un arma eficaz para hacernos pecar y abandonar el camino de Dios. A veces me canso, pero no puedo detenerme, debo persistir, hacer estos libros, pues siento que Dios me lo pide. "Escribe Claudio. Diles que los amo". Además, veo los frutos espirituales en los lectores.

No tienes idea la cantidad de personas que me escriben luego de leer uno de mis libros y sentir que Dios les ha ayudado a cambiar y mejorar sus vidas. Soy muy cuidadoso en no darme un crédito que no merezco ni es mío, por eso rápido los envío al sagrario: "Anda, visita a Jesús y agradece todo el bien que ha hecho en ti. Yo solo escribo, es Él quien toca los corazones y hace lo verdaderamente importante". Mientras trabajaba en "El Mundo Invisible", pasaron cosas raras.

Me encontraba una tarde trabajando en el estudio. Mi esposa me acompañaba, leyendo un libro. De pronto un rollo grueso y pesado de cinta adhesiva que tenía sobre el escritorio, a mi lado, se elevó solo, en el aire, delante de mis ojos y de mi esposa Vida. Fue un segundo. Salió disparado con furia y se estrelló contra la pared al fondo del cuarto. Cuando vi eso, en lugar de asustarme o preocuparme, me emocioné, de pronto lo supe, y me llené de entusiasmo y alegría. "Hay *alguien* molesto. Ahora sé que este libro hará mucho bien", me dije. Y así fue, no me equivoqué. "El Mundo Invisible" actualmente es uno de mis libros más vendidos en el portal de Amazon. Es parte de mi colección de libros católicos de crecimiento espiritual, y uno de los que más mensajes y reseñas recibo, de todo el mundo.

Es impresionante cómo ha ayudado a cientos de lectores a comprender la lucha espiritual en que estamos envueltos y aprender cómo defenderse y saber que podemos confiar en Dios. Qué alegría poder ayudar, aunque sea en lo poco, escribiendo y publicando estos libros de espiritualidad sana.

Escribo este libro tranquilo, siento la presencia amorosa de Dios a mi lado. Experimento su amor. Es una sensación maravillosa. Experimentar su presencia lo cambia todo. A pesar de esto, el innombrable no se queda tranquilo. Siguen pasando "cosas extrañas" igual que pasó cuando escribí "El Mundo Invisible".

Hace unos días me desperté a las cuatro de la madrugada por una canción escandalosa. Pensé en un principio que era mi hijo y que escuchaba música en su cuarto. Fui decidido a poner orden y pedirle que se durmiera. Pero no era él. Procedía de mi estudio. Entré y sentí un frio sobrenatural que me envolvía. El brazo se me puso "piel de gallina" y el vello de la mano se erizó. El aparato musical tocaba a su máximo volumen.

Lo apagué y bajé a la cocina a tomar agua. Regresé a mi cuarto a dormir. "Es casualidad", me dije. Media hora después otra vez el escándalo me despertó. "¡No puede ser!", me dije. "Yo apagué el aparato musical". Entré al estudio y me ocurrió igual, la piel de gallina. Era como *una presencia*.

Quise hacer una prueba. Bajé a la cocina y mi piel se puso normal. Subí al rato y nuevamente la piel de gallina. Recordé la experiencia de mi tío Raúl (te la relato en otras páginas). "Si eres el innombrable vete de aquí. Si eres un alma del Purgatorio, te prometo que rezaré por ti", dije en voz alta. Tracé la señal de la cruz en el aire, recé el Padre Nuestro, apagué el aparato y regresé a dormir. No ha vuelto a ocurrir.

Hace dos días pasó lo indecible, como para molestar. Salí de la casa y me senté en el banco que suelo usar para reflexionar, rezar, pensar. La camiseta blanca se llenó de puntitos negros. Tome una foto con mi teléfono celular. Dentro de la casa pasó igual. La plaga se encontraba en diferentes habitaciones. Envié la foto a una fumigadora. "Es una garrapata", respondieron, "pueden existir muchos motivos. Nosotros los encontraremos, no se preocupen". Ayer fumigaron toda la casa. El técnico me dijo de pronto: "Sabe señor Claudio. Esto es muy raro. Ustedes no tienen gatos ni perros." Meneó la cabeza con duda y murmuró: "Es muy raro". Yo solo sonreí y dejé que terminara su trabajo. Esta vez los ataques han sido más sutiles, pero certeros. Algunos no puedo compartirlos, son demasiado turbios. Debo reconocer que no me los esperaba. Cayeron de pronto y me han tomado por sorpresa. Me he sentido como el boxeador que arrinconan en una esquina y le entran a golpes sin darle oportunidad de recuperarse. Esta mañana pensé molesto y desanimado: "¡Para qué escribí este libro! ¿Acaso no aprendí nada de la vez anterior?" Pero luego recapacité. "No debo quejarme, es lo que quiere. Puedo aceptar estas molestias y ataques, con tal que el libro ayude a una persona a comprender quién está detrás de tanta maldad y pueda salvar su alma". Mientras estas cosas ocurren, sigo escribiendo, pido a Dios paciencia, perseverancia y fe. Rezo para que sea un libro de muchas bendiciones, abra tus ojos y sepas distinguir a quién te enfrentas cada día en medio de las fuertes tentaciones de la vida.

"¿Tú crees que hay un solo Dios? Pues muy bien, pero eso lo creen también los demonios y tiemblan".

(Santiago 2, 19)

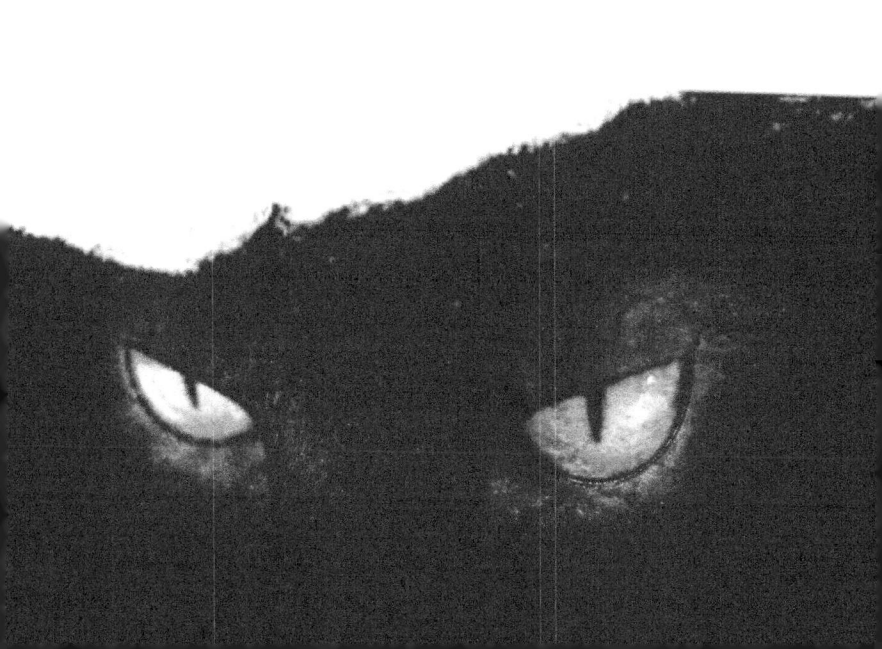

"Meteos esto en la cabeza, con el diablo jamás se dialoga".

Papa Francisco

CAPÍTULO DOS

EL DEMONIO

EL MUNDO INVISIBLE

"Algunos se aventuran y meten sus cabezas ingenuamente en las fauces del demonio. Abren ventanas peligrosas por donde se va a colar. Creen que es un juego, o que obtendrán algún beneficio o poder. No tienen idea con quién están tratando y lo que es capaz de hacer. ¡No imaginan el peligro, el mal que están por enfrentar!"

"El Mundo Invisible" fue mi primer libro sobre el demonio, exponiendo su existencia real y su presencia y acciones en la Iglesia católica, el mundo y las familias. Me sorprendió porque en pocas semanas se convirtió todo un Best Seller. En él expongo al demonio como es, para que nadie pueda engañarse. Te explico de dónde salió, cuáles son sus motivos, y por qué te odia tanto, para destruir tu vida y arrebatarte la eternidad al lado de Dios.

"El Mundo Invisible" es una obra extraordinaria de debes leer junto con este nuevo libro. Revela con sólidas bases bíblicas y testimonios asombrosos, la existencia del innombrable, que es negada por muchos aun dentro de la Iglesia católica. Muestra a nuestro enemigo y odiador como **un ser vivo** y todo el daño que nos ocasiona, por el odio acérrimo que nos tiene.

Un lector nos dejó esta reseña. "Me ha gustado mucho este libro; fácil, entendible, sencillo, de laico a laico y sobre todo muy enriquecedor por su contenido. Sentí que el autor me platica de manera personal. Sinceramente disfruté mucho el libro, recomiendo altamente su lectura, más para los que están dudando de su fe y de las doctrinas de Jesús donde nos habla de la existencia del maligno." Te recomiendo que lo compres y lo leas. Aprenderás a descubrir su presencia invisible, maligna y a defenderte de él. Lo escribí durante los meses finales del año, impresionado por las palabras del Papa Francisco en el 2018, cuando hizo aquel sorprendente llamado a los católicos a la oración… "contra el mal que divide, **invocando a la Virgen María y al Arcángel San Miguel** para que ayuden a la Iglesia en estos tiempos difíciles, y la defiendan de los *"ataques del demonio"*.

Recuerdo que pensé sorprendido: "Ha mencionado al demonio… algo que no suele ocurrir en la Iglesia. ¡Casi nadie lo menciona! Este asunto debe ser muy serio para que un Papa haga un llamado urgente a la oración". Y me decidí a investigar, orar, reflexionar y hacer muchas consultas a sacerdotes y conocedores del tema para ilustrarme y escribir el libro. Luego lo dejé en el Arzobispado de Panamá, donde pasó tres meses en la oficina del Censor Eclesiástico. Al tiempo me telefonearon y me dieron el visto bueno para publicarlo.

La oración a la Virgen que pidió el Papa Francisco era "Bajo tu amparo", que reza así: "Bajo tu amparo nos acogemos, santa Madre de Dios; no deseches las oraciones que te dirigimos en nuestras necesidades, antes bien líbranos de todo peligro, ¡oh Virgen gloriosa y bendita! Amén." La otra era la oración escrita por el Papa León XIII a san Miguel Arcángel. Es una poderosa oración que solía rezarse antes del Concilio Vaticano II, al terminar la santa misa. Dice así:

"San Miguel Arcángel, defiéndenos en el combate contra las maldades e insidias del demonio. Acude en nuestra ayuda, te rogamos suplicantes. ¡Que el Señor nos lo conceda! Y tú, príncipe de las milicias celestiales, con el poder que te viene de Dios arroja en el infierno a Satanás y a los otros espíritus malignos que deambulan por el mundo para la perdición de las almas".

Cuando escribí sobre las acciones del demonio, en "El Mundo Invisible" me enfoqué en su existencia, para que todos supieran que no es un mito ni una fábula, ni una leyenda urbana, existe. Su existencia no depende de lo que las personas opinen.

Si dicen que es irreal, mejor para él, lo rodea una capa de invisibilidad y lo ayudan a continuar con sus maquinaciones.

Viendo esta realidad, me pareció importante explicarte cómo puedes defenderte y vencerlo en esta batalla espiritual, apoyándome en las sagradas Escrituras, la doctrina de nuestra Iglesia y la experiencia de sacerdotes que lo han enfrentado. Procuré advertirles: "Mírenlo, allí está. Es peligroso. Tengan cuidado. No se acerquen a él". Quise explicarles de dónde salió, quién es, cuáles son sus poderes, qué puede hacer para dañarnos y por qué desprecia tanto a la humanidad. Quería exponerlo, que todos lo vieran como realmente es, sin caretas, con el odio perenne que nos tiene y su deseo enfermizo de destruirnos a como dé lugar. Imagínate pasar una eternidad odiando, buscando la forma de hacer daño a otros, celoso del amor que el Padre celestial no tiene, sin poder aceptar que somos hijos de Dios. Esa es su triste realidad.

Este libro, en principio es similar, pero va en otra dirección. Primero deseo recordarte que el demonio es un ser vivo no una leyenda, que te odia, busca destruirte y condenarte en la eternidad. Luego voy a mostrarte las estrategias que suele usar para destruirte, las aprendió a través de siglos de observación y la forma en que puedes defenderte. ¿Su único propósito para existir? Sencillo: "**Hacernos caer en el pecado** y arrebatarnos una maravillosa eternidad al lado de Dios, en el Paraíso". Desea que nos condenemos y pasemos nuestra eternidad en el infierno, en medio de sufrimientos indescriptibles, donde *"habrá llanto y rechinar de dientes"*. (Lucas 13)

Te lleva a su campo de batalla donde tiene la ventaja pues el mundo duda de su existencia. Lo triste es que muchos lo dejan, ignorando su maldad o desestimando su poder y astucia. No saben el riesgo que corren. Se acercan con ingenuidad pensando que nada les va a pasar… Hasta que cierra sus fauces contigo dentro, y es muy tarde.

~~~

"Jesús, entonces, le conminó diciendo: «**Cállate y sal de él**.» Y agitándole violentamente el espíritu inmundo, dio un fuerte grito y salió de él."

(Marcos 1, 25-26)

EL DEMONIO NO QUIERE QUE HABLEN DE ÉL

Ya lo sabemos, y me lo ratificó un sacerdote exorcista: "Su mayor triunfo es lograr que el mundo crea que no existe". Es todo un estratega del mal. El demonio se cuida mucho de barrer los escombros que va dejando en el camino y de esconder su rastro, para no ser detectado.

Difícilmente hallarás huellas de su paso por el mundo. Hará lo necesario para no quedar expuesto, esto arruinaría su estrategia: "hacer que descuidemos lo fundamental… la oración". Y es que lo sabe, sin la oración estamos perdidos, se enfría la fe y la perderemos.

¿Sabes por qué se esmera tanto en que tengas una pobre instrucción religiosa? Para lograr que pierdas tu fe. En los textos Bíblicos encuentras una respuesta contundente, porque sin fe perderás algo fundamental en tu vida, respuestas a las promesas de Dios, la certeza de su amor.

"Jesús le dijo: "¿Por qué dices "si puedes"? **Todo es posible para el que cree.**" (Marcos 9)

"Jesús le respondió: "¿No te he dicho que si crees verás la gloria de Dios?" (Juan 11)

El demonio sabe que la carencia de fe te arrojará lejos

de la presencia de Dios.

"... **sin la fe es imposible agradarle, pues nadie se acerca a Dios si antes no cree que existe y que recompensa a los que lo buscan.**" (Hebreos 11)

Y parece que lo está logrando, lo estamos dejando con nuestro silencio y la apatía en vivir y defender nuestra fe. Hace poco leí que "España es el tercer país europeo con el mayor abandono de la fe. Los católicos y creyentes podrían llegar a ser una minoría en Europa". Todo lo que está ocurriendo por algún motivo me hace pensar en estas palabras proféticas de Jesús: "... **cuando el Hijo del hombre venga, ¿encontrará la fe sobre la tierra?**" (Lucas 18)

He llegado a comprender que el demonio se mofa de nuestras debilidades y se goza en nuestros pecados, sobre todo cuando el que cae es un alma piadosa, una persona llamada a hacer mucho bien a la humanidad. Le encanta sacarlos del camino para que no sean un estorbo a sus planes. Los hace caer con estrepito y luego los desacredita ante el mundo. Esto los silencia permanentemente. Ocurre mucho con sacerdotes y religiosos que han dado motivos de escándalo.

Sabes que un pensamiento, una obra, un sentimiento es inspirado por Dios porque te da paz, un gozo y una alegría sobrenatural que se desborda y te llena de serenidad y deseos de amar a tu prójimo.

Y, por el contrario, sabes que proviene del demonio cuando es todo lo contrario y te provoca tristeza, desgano y deseos de hacer daño a tu semejante.

Las Escrituras vienen en nuestra ayuda para que salgamos adelante y podamos sobreponernos. "Estén siempre alegres en el Señor; se lo repito, estén alegres y den a todos muestras de un espíritu muy abierto. El Señor está cerca. No se inquieten por nada; antes bien, en toda ocasión presenten sus peticiones a Dios y junten la acción de gracias a la súplica. Y la paz de Dios, que es mayor de lo que se puede imaginar, les guardará sus corazones y sus pensamientos en Cristo Jesús." (Filipenses 4, 4-7)

¿Eres de Dios? Vivimos momentos difíciles en los que debes definirte. ¿De qué lado estás?

"En esto se reconocen los hijos de Dios y los hijos del Diablo: todo el que no obra la justicia no es de Dios, ni tampoco el que no ama a su hermano." (1 Juan 3)

Ahora lo sabes: DIOS TE AMA. Depende de ti vivir en su presencia. Corresponder a tanto amor. El "don" de Dios, las gracias que te infunde para fortalecerte es algo tan grande que nunca podrás pagarlo, ni con todas las limosnas, ni con todas tus oraciones o todos tus sacrificios, porque en Él, todo es gratuidad (su amor es gratuito). Tal vez pudiera no pagar sino agradecer, amando más, perdonando las ofensas, siendo misericordioso, no negando nada al que te pida limosna por su amor, siendo cada día más santo, ayudando al que puedas.

Dios siempre nos cuida. Una amiga que tiene múltiples problemas me ha dicho: "Suelo asomarme por la ventana de mi casa t veo el mundo que Dios ha creado para nosotros. ¿Cómo temer si Él está con nosotros?, si todo lo ha dado por nosotros?"

Es inevitable, empiezo hablando del demonio y termino mencionando a Dios, escribiendo sobre sus maravillas y lo hermoso que es vivir en su presencia amorosa. El buen Dios siempre cumple sus promesas. Y su amor es infinito.

~~

"Sean sobrios y estén vigilantes, porque su enemigo, el diablo, ronda como león rugiente buscando a quién devorar."
(1º Pedro, 5, 8)

"Debemos ser conscientes de la presencia de este **enemigo astuto**, interesado en nuestra condena eterna, en nuestro fracaso y prepararnos para defendernos de él y combatirlo".

Papa Francisco

EL MALIGNO TIENE UN "AS" BAJO LA MANGA

El demonio es astuto, tiene una carta que muchas veces le permite ganar la partida. Es un As bajo la manga: "El escepticismo, la incredulidad y lo poco que se le menciona en la iglesia".

Nuestra debilidad le permite pasar desapercibido. Ha tenido miles de años para estudiar la naturaleza humana, nuestras flaquezas, deseos. Lo sabe casi todo de ti. Conoce nuestros puntos débiles. Concluyó que puedo desanimarme cuando tengo carencias económicas o paso dificultades para las que no encuentro solución.

A veces me pregunto para qué escribo estos libros, si vale la pena. No quiere que hablen de él y actúa para desanimarlo a uno. Y vaya que ha estado cerca de conseguirlo. En esos momentos siempre acudo Dios, me tiende la mano, me levanta del suelo y me dice: "Vamos Claudio, sigue escribiendo. Quiero que sepan que los amo".

Nunca antes he tenido tantas tentaciones, tan intensas y fuertes y despiadadas, como ahora que escribo este libro sobre el innombrable. No es la primera vez que me ocurre. Sé de dónde provienen y cuál es su propósito, meter miedo para silenciarnos. Sabe que el miedo es un arma poderosa, desanima a cualquiera… por eso no les hago caso.

La existencia del ángel caído y los espíritus inmundos parece ser un tema escabroso, desagradable y pocos lo mencionan. Es como si quieran echarle tierra, como cuando barres la casa y escondes la basura bajo una alfombra. No logras que desaparezca, solo la quitaste de tu vista.

Algunos, incluso en la Iglesia católica, han dejado de creer en su existencia y por ello **descuidan su vida espiritual.** La gracia santificante es un don extraordinario que debemos custodiar a como dé lugar. Imagina un castillo en el que guardas tu tesoro. Estás rodeado de enemigos a punto de atacar, pero prefieres ignorarlos. Es lo que ocurre cuando ignoramos la existencia del demonio. **Bajamos la guarda, descuidamos la oración, y lo dejamos entrar con facilidad en nuestras vidas** y familias. Él te conoce, te estudia, descubre tus debilidades y encuentra la forma de suscitar en ti la negación y que puedas afirmar: *"el demonio no existe"*.

Ese es su mayor triunfo, porque le permite actuar con total libertad en nuestro mundo, arrastrando millones de almas al infierno. Nunca descuidemos nuestra salvación. Las consecuencias serían terribles: "¿Cómo, pues, escaparemos nosotros, si despreciamos una salvación tan trascendente?" (Hebreos 2, 3)

NUNCA SUBESTIMES AL DEMONIO

Es hora de que todos lo sepan: **"El demonio no es un relato ficticio."** No es una historia nocturna inventada para hacernos pasar miedo frente a una fogata en un campamento estudiantil, ni una leyenda urbana. Así ha querido que pensemos de él.

Estamos ante un maestro del engaño, un enemigo implacable, inteligente, sin ningún escrúpulo. Y NO PODEMOS NI DEBEMOS SER INGENUOS.

Los Papas de nuestra santa Iglesia han muy estado interesados en aclararnos este tema, al ver la negación del hombre de su existencia, para alertarnos y que no perdamos la perspectiva. El Papa Francisco lo menciona con frecuencia en sus homilías. Pablo VI en una audiencia general de 1975 dijo, entre otras cosas, estas palabras que sacuden el alma: "Se trata no de un solo Demonio, sino de muchos, diversos pasajes evangélicos nos lo indican (Lc 11, 21; Mc 5, 9); **pero uno es el principal: Satanás**, que quiere decir el adversario, el enemigo; y con él muchos, todos criaturas de Dios, pero caídas –porque fueron rebeldes– y condenadas; todo un mundo misterioso, revuelto por un drama desgraciadísimo, del que conocemos muy poco. **Es el enemigo número uno,** *es el tentador por excelencia.* Sabemos también que este ser oscuro y perturbador

existe de verdad y que con alevosa astucia actúa todavía; es el enemigo oculto que siembra errores e infortunios en la historia humana".

El demonio es real y anda merodeando por el mundo, en busca de almas para conquistarlas y llevarlas al infierno. *"…su enemigo, el diablo, ronda como león rugiente buscando a quién devorar."* (1 Pedro 5, 8) No te descuides, ni le des la espalda, mantenlo a raya, lejos de ti.

El Papa Francisco suele señalar al diablo como nuestro gran enemigo y pide que recemos mucho por la Iglesia para fortalecerla y protegerla de sus ataques. "A esta generación y a muchas otras se les ha hecho creer que el diablo era un mito, una figura, *una idea*, la idea del mal ¡pero **el diablo existe** y nosotros debemos combatir contra él! ¡Lo dice San Pablo, no lo digo yo! ¡Lo dice la Palabra de Dios!".

En caso de que aun dudemos y conservemos ese peligroso escepticismo, el Papa Francisco vuelve a insistirnos: **"El diablo existe, sí, es verdad, y es nuestro mayor enemigo.** Es el que trata de hacernos resbalar en la vida. Es el que pone malos deseos en nuestros corazones, malos pensamientos y nos lleva a hacer cosas malas, las muchas cosas malas que hay en la vida, para terminar en guerras".

EL DEMONIO NOS ENGAÑA CON LAS ESCRITURAS

El demonio conoce la Sagrada Escritura y la usa a su antojo para engañar. Con fragmentos de ella tentó a Jesús en el desierto. Se creía muy hábil y esperó el momento propicio para llegar sutilmente, después de un ayuno de 40 días, cuando por fin tuvo hambre. "Y acercándose el tentador, le dijo: "Si eres Hijo de Dios, **di que estas piedras se conviertan en panes**." Mas él respondió: "Está escrito: No sólo de pan vive el hombre, sino de toda palabra que sale de la boca de Dios." (Mateo 4)

Ese "di" es importante, el demonio sabe que basta una palabra de Jesús para realizar el milagro. Jesús que conocía mejor las Escrituras, lo desarmaba en cada tentación respondiendo: **"Escrito está".** Hoy se repite, esta vez con los creyentes. Usando fragmentos de las Escrituras algunas personas mal intencionadas, que se han aprendido partes de la Biblia, hacen dudar a los católicos de su fe. Si conociéramos mejor la Escritura Sagrada, leyéramos la Biblia y estudiáramos el Catecismo de la Iglesia Católica, podríamos defender mejor nuestra Iglesia y nuestra fe. Nunca permitas que te hagan dudar. Defiéndete con caridad y amor, pero con firmeza. Tienes un Tesoro, el Evangelio, debes compartirlo con la verdad.

Es un hecho, somos pecadores. Toda nuestra vida estaremos sujetos a diferentes tentaciones. Una vez leí que las tentaciones de Jesús en el desierto representaban los mayores deseos de la humanidad, las áreas en las que somos más fácilmente tentados, *"patrones comunes a todos los hombres"* y que nos reflejan a todos. Los deseos físicos, el orgullo y la idolatría. Pero que también que podemos vencer las tentaciones y al demonio. Jesús nos mostró el camino. ¡Ánimo!

~~~

"Dios es fiel y no permitirá que sean tentados por encima de sus fuerzas. En el momento de la tentación les dará fuerza para superarla." (1 Corintios 10)

~~~

"Si os mantenéis en mi Palabra, seréis verdaderamente mis discípulos, y conoceréis la verdad y la verdad os hará libres". (Juan 8)

LA TRAMPA DEL MALIGNO

El demonio, a diferencia de nosotros, seres temporales en esta tierra, tiene la eternidad para aprender cómo vencernos y buscar nuestros puntos débiles, talones de Aquiles donde pueda golpear sin piedad y hacernos caer.

El resplandor de la gracia de Dios ciega al demonio, le irrita en extremo, más cuando brota de nuestras almas iluminando al mundo, dando frutos de eternidad. Somos portadores del Dios vivo siendo templos de Espíritu Santo. Lo olvidamos con demasiada facilidad. Hay que procurar vivir con la dignidad de los Hijos de Dios, príncipes en esta tierra, que caminamos hacia la Patria celestial. Como el innombrable no soporta que Dios nos ame en extremo, hace lo imposible para perder nuestras almas. Nos aleja sutilmente de la oración. Sabe que, si oramos y tenemos fe, su trabajo será casi imposible.

"Entonces los discípulos se acercaron a Jesús y le preguntaron en privado: «¿Por qué nosotros no pudimos echar a ese demonio?» Jesús les dijo: «Porque ustedes tienen poca fe. En verdad les digo: si tuvieran fe, del tamaño de un granito de mostaza, le dirían a este cerro: Quítate de ahí y ponte más allá, y el cerro obedecería. Nada sería imposible para ustedes...

Esta clase de demonios sólo se puede expulsar con la oración y el ayuno." (Mateo 17)

Observemos con atención su metodología. Busca a su víctima, alguien con muchos seguidores en la fe, que brille en medio de esta oscuridad, con presencia de Dios y que le esté arrebatando almas. Estudia sus debilidades, su talón de Aquiles. Identifica alguno por el que pocas personas recen, que no busque la protección de la Virgen María. Los protegidos de la Virgen, sus hijos espirituales siempre gozan de su protección maternal.

Empieza el ataque. Sabe que no puede seducir al hombre de golpe, debe ir poco a poco, con mucha sutileza. Te ofrece una falta pequeña, que la consientas aun sabiendo que es un pecado. "Pero es una tontería te dices. A nadie hago daño".

Debe ser un acto voluntario, tu conciencia te hará saber que está mal. Pero atentos, no puede forzarte, porque **tienes libre albedrío**, pero sí puede insinuar, seducir, engañar. Busca algo que te estimule tus sentidos, que parezca apetecible, un pecado que lleve a otro mayor, hasta que se complete el ciclo y llegues a la meta trazada.

El pecado mortal, que te aleja de la gracia y de Dios y te acarrea la condenación eterna.

Aturde al hombre con tareas cotidianas, problemas, escases de dinero, desanimo, lo que sea necesario para agotarlo y alejarlo de la oración. Una vez leí: "A veces nos alejamos de Jesús, por las cosas de Jesús". Hacemos tanto, pero lo fundamental no y la vida espiritual la descuidamos, se enfría por lo ocupados que pasamos. Suele ocurrir en los hogares y en las parroquias donde al sacerdote lo sobrecargan de trabajo y pocos lo quieren ayudar.

Una vez debilitada su víctima, le presenta las tentaciones disfrazadas, para que no piense en las consecuencias. Sabe que el pecado, aunque es individual, termina siendo colectivo por las consecuencias y nos salpica a todos. Busca hacer todo el daño posible en cada tentación.

El demonio es muy sutil, astuto y engañoso. Sabe que primero hay que debilitarnos, enfriarnos espiritualmente. Pero, ¿cómo lo consigue? Lo hace descuidar la oración, o lo arrincona con problemas, lo satura de trabajo que parece bien intencionado. Esto lo refuerza con otras acciones sutiles.

Le hace sentir soledad, desprecio de sí mismo, angustias, temores, avaricia, orgullo, vergüenza, desilusión o deseos de placer carnal. Lo aísla del mundo y los amigos. Y pronto hace que se derrumbe y peque. Cruzó la línea y nadie se dio cuenta, cree él.

Pero no sabe que aún no termina, la parte perversa el demonio la ha dejado para el final. Lo he visto innumerables veces, sobre todo en sacerdotes que han caído ante las tentaciones y que muchos, incluyendo la Iglesia, después de saberlo, los abandonamos a su suerte. Hace poco ocurrió en mi país con un sacerdote conocido. El hecho escandalizó y entristeció a muchos.

Después que comete ese pecado mayor, parece que no hay peligro, todavía es un secreto. Nada nuevo ocurre, pero ha pasado algo grave, ya casi no tiene oración personal, no lee la Biblia, tiene remordimientos por el pecado que cometió, se esconde de Dios y se convierte en presa fácil. "Si ya hice esto y nada pasó, da igual si hago lo otro", se dice y vuelve a pecar.

Se cierra la trampa, ha llegado el momento de exhibirlo. Súbitamente todo explota, lo descubren, sale en los diarios, los noticieros y las redes sociales. Su pecado queda expuesto y su persona está totalmente desacreditada. Ya no es un enemigo ni un problema para el demonio. Con él caen muchos de sus seguidores. Un triunfo para el demonio, en apariencia. Nunca lo olvides, *el mal parece triunfar, pero no es definitivo.* El daño ocasionado Dios puede transformarlo en algo bueno.

Hay un versículo bíblico un poco misterioso, que nunca acabo de comprender, y que no sabría explicarte.

"También sabemos que Dios **dispone todas las cosas para bien** de los que lo aman, a quienes él ha escogido y llamado". (Romanos 8)

Parece que Dios en ocasiones permite el mal para sacar de él algo bueno, **un bien mayor**. Sigue siendo para mí un misterio este actuar de Dios ligado a nuestro libre albedrio, pero ¿quién soy yo para cuestionarlo? Me toca como hijo suyo aceptarlo todo, **confiar** y abandonarme en su voluntad. Es lo que llaman *"el santo abandono"*, me abandono sabiendo que todo lo que me ocurra será al final para mi bienestar espiritual. Dios ha sido para mí un padre extraordinario y nunca he tenido motivos para dudar o desconfiar, sino para amarle y vivir agradecido por un amor que no merezco y que Él incondicionalmente nos da a todos.

Siempre recuerdo un familiar cercano al que se le murió la esposa de una terrible enfermedad. Cuando terminó la misa de cuerpo presente se levantó de su banca, fue al frente del altar y dijo estas palabras que no he podido olvidar: "Ella sufrió. Nos ha dejado. ¿Por qué Dios permitió que sufriera y nos dejara? No lo sabemos y tampoco lo entendemos, pero queremos decirte Señor que aceptamos tu santa voluntad. Solo te pedimos fuerzas para continuar".

~~~

PELIGRO:
"Aléjate del demonio".

Tenemos libre albedrio. Somos responsables de nuestras obras y de sus consecuencias. Si pecas es porque quieres. Te apartas de Dios voluntariamente. En el juicio, ante Dios, no podrás echarle la culpa a nadie. Por tanto, es mejor dedicarse a hacer buenas obras y acumular tesoros en el cielo. Lo recordarás ese día cuanto seguramente te preguntarán: "¿Amaste?"

LA ORACIÓN PARA ALEJAR AL DEMONIO

Pero un momento, ¿por qué esa estrategia del maligno no funcionó con el Padre Pio, la Madre Teresa de Calcuta, santo Domingo Savio y otros santos de nuestra Iglesia? La respuesta es muy sencilla, porque confiaron plenamente en Dios y en medio de las fuertes tentaciones, nunca se alejaron de Dios o la Virgen, no abandonaron la oración, y a diferencia de otros, la intensificaron.

Santa Teresa de Jesús solía decir: **"El que no reza, no necesita diablo que le tiente".** Piénsalo, muchos llegan tan agotado por las noches a sus casas que apenas tienen fuerzas para cenar o rezar. Se acuestan a dormir y se quedan dormidos sin dar gracias a Dios o rezar los tres Avemarías para honrar a la Virgen y pedir su bendición.

Yo suelo recomendar el ofrecimiento de obras. Por las mañanas antes de sentarme a escribir hago unos minutos de oración y le digo a Dios: **"Te ofrezco mi trabajo. conviértelo en oración, que te sea grata".** Y ya está, me olvido de todo y me dedico a escribir. Sé que el buen Dios convertirá mi trabajo en oración. Rezo sin estar rezando, así permanezco en la presencia de Dios, que aleja al demonio y todos sus males.

¿Te ha pasado? A mí sí... Me ocurre con frecuencia y he aprendido a razonar y entender sus propósitos. Cuando llega una fuerte tentación, insistente, que se acrecienta con los días, sé que algo grande esta por pasar en mi vida. Algo no tan bueno. Y me Preparo con la oración. Y en efecto, así pasa.

El Padre Jorge Loring, en una de sus conferencias nos dio este secreto: "No todo el mundo puede dedicar largas horas a la oración formal. Pero hay un modo de orar muy fácil, que convierte en oración toda la jornada: **la oración de ofrecimiento.** "El ofrecimiento de obras".

Yo cada día ofrezco a Dios mis trabajos, mis penas, mis sufrimientos, y mis alegrías también. **Yo ofrezco a Dios mi día, y convierto mi día en oración.**

Quizás no pueda yo dedicarme a hacer cuatro horas de oración. Tengo otros trabajos. Pero puedo convertir mi trabajo en oración, por medio del ofrecimiento de obras, sabiendo que el trabajo en gracia de Dios es lo que más vale en el mundo. Además, las cosas que se ofrecen a Dios, se hacen bien. No podemos ofrecer a Dios chapucerías. Y por supuesto hacerlas con pureza de intención."

¿Es tan importante la oración? Éste es el horario de las Misioneras de la Caridad, dado en una entrevista por la Madre Teresa de Calcuta.

Observa la importancia que da a la oración y cuántas horas tienen al día para estar en la presencia "de aquél que saben que las ama".

"Nos levantamos a las cinco menos veinte y hacemos **una hora de oración**, meditando sobre la Palabra de Dios del día, rezando el Oficio y haciendo lectura espiritual. Luego viene el desayuno y la limpieza de casa. **A las ocho tenemos la Misa** y después hacemos apostolados dedicados a los pobres, a los que viven aquí o a los de fuera: todos los servicios que sean, incluida la atención a los enfermos de sida. A las doce paramos para hacer **media hora de oración,** seguida de la comida. Después, media hora de descanso. **A las dos hacemos otra hora de oración.** A las tres o tres y media, salimos de nuevo a hacer apostolado, hasta las siete. A esa hora nos recogemos a **hacer oración durante media hora**. A continuación, la cena y luego **diez minutos más de oración.**

A las ocho y media nos reunimos para hacer media hora de recreación en común, después de lo cual volvemos a **hacer oración durante otra media hora,** de nueve a nueve y media de la noche. A las diez, si podemos, nos acostamos. Pero no todos los días son iguales. Los jueves, por ejemplo, rezamos más, y el primer jueves de cada mes hacemos un día de retiro, con dos horas de oración ante el Santísimo expuesto en el interior de la comunidad".

Te comparto esta conocida oración de ofrecimiento diario a Dios, de tus acciones cotidianas, escrita en 1895 por santa Teresita del Niño Jesús. Se encuentra en los archivos del Carmelo de Lisieux, escrito de su puño y letra. Te servirá para ofrecer cada mañana al despertar, tu día, pensamientos y obras, para santificarlos en el amor Divino. Y también para alejar de ti al demonio con sus tentaciones, porque donde está Dios, que es amor, no hay miedos ni odios, ni oscuridad.

Con Dios que es Todopoderoso, *lo puedes todo*. Puedes amar, perdonar, crecer espiritualmente, ser misericordioso y hacer lo que a Él le agrada. Toma una hoja de papel en blanco y anota esta bella oración.

"Dios mío, **te ofrezco todas las acciones que hoy realice** por las intenciones del Sagrado Corazón y para su gloria. Quiero **santificar los latidos de mi corazón**, mis pensamientos y mis obras más sencillas uniéndolo todo a Sus méritos infinitos, y reparar mis faltas arrojándolas al horno ardiente de Su amor misericordioso.

Dios mío, te pido para mí y para todos mis seres queridos **la gracia de cumplir con toda perfección Tu voluntad y aceptar por Tu amor las alegrías y lo sufrimientos de esta vida pasajera**, para que un día podamos reunirnos en el cielo por toda la eternidad. Amén".

CHARLA CON UN EXORCISTA

Recuerdo una charla que tuve con un exorcista. Le pregunté por qué la iglesia casi no menciona al demonio, por qué nos recuerda muy poco su existencia y las trampas que nos coloca para perder nuestras almas, por qué hay sacerdotes que apenas creen que existe. Luego solté la pregunta de la que más me interesaba recibir una respuesta: "¿Por qué tenemos la impresión que en la iglesia hay poco conocimiento del tema sobre todo en los sacerdotes jóvenes?"

Su respuesta fue franca: "Desde el Concilio Vaticano II se dejaron de impartir clases de demonología en los seminarios y la formación sacerdotal. Para tomar esos cursos debes mostrar interés y asistir a cursos especializados".

Tenemos pues un enemigo MUY PELIGOSO, para el que el tiempo no es un problema, es cruel, su odio por la humanidad excede lo que podamos imaginar y del que apenas conocemos su semblante.

Se le menciona poco en la Iglesia y todos los días siembra en nosotros tentaciones muy sutiles para hacernos pecar y que alejemos de Dios. "Vamos, mira que sabroso, te lo mereces, es para ti". Un segundo de placer que destruye todo a su paso, familias, empresas.

Suelo pensar en el pecado como aquella piedrecilla que arrojamos en el centro de un lago. Cae en el agua, se hunde y desaparece, pero deja ondas que se multiplican y se esparcen. El pecado hace lo mismo, es individual, pero afecta a todos a su alrededor. El demonio lo sabe muy bien por eso escoge con tanto cuidado las tentaciones, para que al caer hagamos el mayor daño posible y el mundo pueda desacreditarnos. Lo ves en los sacerdotes que pecan. Cae uno, estrepitoso, haciendo escándalo, como un árbol que se derrumba y todos señalan al bosque.

El demonio busca desacredítalos al hacerlos pecar, para sacarlos del camino. Es malévolo y muy astuto. Recuerda que fue un ángel, antes de caer. "… Él les dijo: "Yo veía a Satanás caer del cielo como un rayo." (Lucas 10, 18)

~~~

LA VISIÓN DEL INFIERNO

El 13 de julio de 1917 la Virgen María, preocupada por el mal comportamiento y el rumbo de la humanidad le mostró a los tres pastorcillos videntes, Lucía, Francisco y Jacinta, en la Cova da Iría, una visión aterradora del infierno, *"donde van las almas de los pobres pecadores"*.

"Mientras Nuestra Señora decía estas palabras abrió sus manos una vez más, como lo había hecho en los dos meses anteriores. Los rayos de luz parecían penetrar la tierra, y vimos como si fuera un mar de fuego. **Sumergidos en este fuego estaban demonios y almas en forma humana,** como tizones transparentes en llamas, todos negros o color bronce quemado, flotando en el fuego, ahora levantadas en el aire por las llamas que salían de ellos mismos junto a grandes nubes de humo, se caían por todos lados como chispas entre enormes fuegos, sin peso o equilibrio, entre chillidos y gemidos de dolor y desesperación, que nos horrorizaron y nos hicieron temblar de miedo (debe haber sido esta visión la que hizo que yo gritara, como dice la gente que hice).

Los demonios podían distinguirse por su similitud aterradora y repugnante a miedosos animales desconocidos, negros y transparentes como carbones en llamas.

Horrorizados y como pidiendo auxilio, miramos hacia Nuestra Señora, quien nos dijo, tan amablemente y tan tristemente: **'Ustedes han visto el infierno, donde van las almas de los pobres pecadores.** Es para salvarlos que Dios quiere establecer en el mundo una devoción a mi Inmaculado Corazón. Si ustedes hacen lo que yo les diga, muchas almas se salvarán, y habrá paz'".

Después de esta aterradora visión, la Virgen también les recomendó: "Cuando ustedes recen el Rosario, digan después de cada misterio: **Oh Jesús mío, perdona nuestros pecados, líbranos del fuego del infierno, lleva al cielo a todas las almas, especialmente a las más necesitadas de tu infinita Misericordia"**. Es una oración que rezo con mi esposa al terminar cada misterio del santo Rosario, seguro que ayudará algún alma que se encuentre en riesgo de perderse. Tal vez al partir de este mundo tendremos la alegría de conocerlas.

Al mes siguiente en una aparición a los niños de Fátima, la Virgen les pidió rezar mucho y ofrecer sacrificios por los pobres pecadores. Fue un llamado urgente para todas las generaciones. Sabiendo esto no tenemos excusa. Debes rezar por tantas almas que necesitan de tus oraciones y sacrificios, ofrecidos por su salvación eterna.

El demonio es implacable y cruel, atacará con más fuerza a todo el que considere un enemigo porque le resta almas. Las vidas de muchos santos están llenas de anécdotas maravillosas de cómo el maligno quiso detenerlos, que no continuaran salvando almas y no pudo. Cuentan que san Antonio el Grande fue uno de los primeros monjes en retirarse al desierto para llevar una vida austera, ascética, de oración y ayunos severos. Las huestes del demonio no resistían su santidad y lo atacaban con furia en forma de bestias y animales salvajes. Se dice que en una ocasión fueron tantas las heridas que un amigo lo rescató para llevarlo a recibir curaciones.

El monje al despertar le pidió que lo llevara de vuelta al lugar donde fue atacado y les gritó a los demonios: "Aquí estoy, yo Antonio. No huiré de tus latigazos, y ningún dolor ni tormento me separará del amor de Cristo". Volvieron a atacarlo y los enfrentó con valor. Armado con la oración fervorosa les gritó: "Si ustedes tuviesen algún poder, habría bastado que solo uno de ustedes viniera, pero como Dios los hizo débiles, quieren aterrorizarme con su gran número. **Mi fe en Dios es mi refugio y la muralla que me pone a salvo de ustedes**". No pudieron más con él.

Como ves, todo se basa en confiar. Si confías mucho, recibes mucho, su confías poco, recibes porco. No tengas miedo amable lector. Confía en Dios, ten fe, que te pondrá a salvo y cuidará de ti y los tuyos. Él será tu refugio. Es un Padre extraordinario, amoroso y bueno.

Dios nos pide amar y maligno nos invita a odiar. Dios nos ofrece una maravillosa eternidad a su lado. El demonio te frece la oscuridad, el sufrimiento, la angustia y pasar tu eternidad en el *abismo,* también llamado fuego eterno, lugar de tormentos, o lugar de tinieblas, alejado de quien sabes te ama infinitamente. Dicen que éste es uno de los mayores tormentos en el infierno, saber que Dios existe, nos ama y no poder estar cerca de Él y experimentar ese amor incondicional. La pérdida de Dios es uno de los mayores tormentos del alma condenada. Jesús por el contrario te dice: "Yo, la luz, he venido al mundo para que todo el que crea en mí no siga en las tinieblas." (Juan 12, 46)

Muchos santos de nuestra Iglesia como Don Bosco han tenido una visión macabra del infierno, siempre corta. No habrían podido soportar verlo por más tiempo. El guía que acompañó a Don Bosco en su sueño al infierno le dijo: "¿Quieres saber cuáles son las tres causas principales de la condenación de los jóvenes? Malos compañeros. Malas lecturas. Malos hábitos"

En la entrada había una inscripción que decía: **"Los malvados irán al fuego eterno"**. Don Bosco llegó a ver en el fuego del infierno algunos jóvenes de su oratorio, que parecían buenos, pero que, debido a las malas confesiones y a la falta de propósitos firmes, se encontraban en aquel lugar de suplicio.

Santa Faustina Kowalska fue una de las que tuvieron esa desagradable experiencia para luego compartirla con el mundo. "He estado en los abismos del infierno, conducida por un ángel (...) Habría muerto a la vista de aquellas terribles torturas, si no me hubiera sostenido la omnipotencia de Dios. Que el pecador sepa: **con el sentido que peca, con ese será atormentado por toda la eternidad**. Lo escribo por orden de Dios para que ningún alma se excuse [diciendo] que el infierno no existe o que nadie estuvo allí ni sabe cómo es (...) **He observado una cosa: la mayor parte de las almas que allí están son las que no creían que el infierno existía.** (...) no pude reponerme del espanto, qué terriblemente sufren allí las almas..." (Diario, 741).

¡Qué espantoso es el pecado que nos lleva al infierno! Decía la sierva de Dios sor María Romero Meneses: "El Señor nos invita a hacer lo que Él hizo y cómo lo hizo: **"Aléjate de mí Satanás".** Es tan grave esto que Jesús nos advierte: "No teman a los que sólo pueden matar el cuerpo, pero no el alma; teman más bien al que puede destruir alma y cuerpo en el infierno." (Mateo 10)

Justamente fue esta religiosa salesiana quien nos recuerda las consecuencias del pecado: "He reflexionado que pecando me coloco en el bando de Satanás; me alejo de mi Eterno Padre y pierdo todos los bienes celestiales y me hago acreedora de una mala muerte y de una eterna condenación. Hay que recordar que el pecado atrae los mayores castigos. **Un solo pecado fue suficiente para convertir a Luzbel en Lucifer.** Y uno solo mortal, ciertamente, para arrojar a nuestros primeros Padres del Paraíso".

Mi mamá me enseñó una breve oración de la Beata Sor María Romero Meneses, con quien trabajó de voluntaria, cuando sor María iniciaba sus Obras Sociales en Costa Rica. La rezo en cada momento de dificultad. Y me ayuda a experimentar la presencia de nuestra Madre celestial. Quise copiarla para ti.

"Pon tu mano Madre mía,
ponla antes que la mía*.*
María Auxiliadora,
triunfe tu poder y misericordia.

Apártame del maligno
y de todo mal
y escóndeme bajo tu manto".

CAPÍTULO TRES

EL PERFIL DEL DEMONIO

¿SABES A QUIÉN NOS ENFRENTAMOS?

Lo llaman *"el innombrable"*. Y hay un motivo poderoso. Yo nunca lo había querido nombrar, me refería a él como "el ángel caído", "asesino de nombres", "Padre de la mentira", pero nunca por su nombre. Es orgulloso y no quería darle ese gusto. Al final decidí que era necesario hacerlo para poder exponerlo, y dar a conocer su presencia maligna, real, en este mundo.

Cada libro de estos que escribo, tiene sus consecuencias. Es como sostener una pequeña batalla de la que no siempre salgo bien librado.

La Sagrada Escritura nos advierte de lo que vamos a vivir. "Lleven con ustedes todas las armas de Dios, para que puedan resistir las maniobras del diablo. Pues no nos estamos enfrentando a fuerzas humanas, sino a los poderes y autoridades que dirigen este mundo y sus fuerzas oscuras, los espíritus y fuerzas malas del mundo de arriba." (Efesios 6)

¿Qué puede hacer un simple mortal para enfrentar estos poderes que nos trascienden? Podemos rezar, vivir en estado de gracia, siendo templos del Espíritu Santo, iluminando el mundo con nuestro ejemplo, llevando vida evangélica, siendo humildes. No soporta a los humildes y trabaja para que te vuelvas arrogante. Nuestra fuerza está en la sencillez, la confianza en la protección de Dios y el poder de la oración.

Siempre recuerdo la historia que leí de este fraile santo que vivía en un monasterio alejado del mundo. Era muy humilde. Una mañana la habitación se iluminó y frente a él tenía un ser luminoso con las manos extendidas.

—Vengo con un mensaje de Dios.

Como el fraile no se inmutó por estas palabras, el ángel continuó:

—Ha mirado complacido tu oración.

El monje lo miró largo rato y respondió con sencillez:

—Parece que usted se ha equivocado de persona. Dios nunca posaría sus ojos en un ser tan miserable y pecador como yo.

El diablo, que estaba disfrazado de ángel se molestó mucho, al verse vencido por este gesto de humildad y se marchó lanzando gritos espantosos, dejando el lugar impregnado de olores espantosos.

Sabemos que se disfraza de bien para ser aceptado, de otro modo huiríamos espantados ante su presencia diabólica. Es una estrategia simple para un maestro del disfraz. Aparentar que es bueno, que la tentación es para nuestro bienestar, que al cometer ese pecado seremos felices. ¡Que ingenuos somos!

El Catecismo de la Iglesia Católica (395) nos dice de él: "Sin embargo, **el poder de Satán no es infinito.** No es más que una criatura, poderosa por el hecho de ser espíritu puro, pero siempre criatura: no puede impedir la edificación del Reino de Dios. Aunque Satán actúe en el mundo por odio contra Dios y su Reino en Jesucristo, y aunque su acción cause graves daños —de naturaleza espiritual e indirectamente incluso de naturaleza física—en cada hombre y en la sociedad, esta acción es permitida por la divina providencia que con fuerza y dulzura dirige la historia del hombre y del mundo.

El que Dios permita la actividad diabólica es un gran misterio, pero **"nosotros sabemos que en todas las cosas interviene Dios para bien de los que le aman"**. (Rm 8,28)

"Y los espíritus inmundos, al verle, se arrojaban a sus pies y gritaban:
«Tú eres el Hijo de Dios.» "

(Marcos 3, 1)

EL PERFIL DEL DEMONIO

El demonio tiene un perfil, como el de cualquier criminal. No puede evitarlo, su paso por el mundo con el aborto, las guerras, crímenes, divorcios, posesiones demoniacas, infidelidades conyugales, satanismo, brujería y otras desgracias golpeando y afectando las vidas de muchos, deja huellas, **es demasiado evidente.**

El perfilamiento ha sido una herramienta clave usada por el FBI y otras instituciones para encontrar criminales, te permite predecir sus conductas y sus características.

En 1888 un patólogo forense "diseñó el método **modelo – herida**; este modelo se basaba en la comprensión de la naturaleza de las lesiones de la víctima como base para la elaboración estadística del perfil del delincuente".

¿Cómo lo hacemos con el demonio cuando las heridas no siempre son físicas, sino también espirituales? Nosotros tenemos una mejor herramienta para obtener su perfil y describir sus características particulares, las huellas de su comportamiento. El de él corresponde a un perfil criminal. Lo hacemos través de la Palabra de Dios. La Biblia lo describe bien. Escudriñándola con cuidado podemos conocer su perfil. Es mencionado con frecuencia tanto en el Antiguo como el Nuevo Testamento.

Destaca su poder limitado sobre los hombres, que no es infalible. Es el padre de la mentira, un homicida y aun así no es invencible, podemos vencerlo.

¿QUÉ SABEMOS DE ÉL?

He aquí algunas características comparativas muy interesantes que sabemos por la Biblia.

1. Jesús podía leer los pensamientos de las personas. "Algunos maestros de la Ley pensaron: "¡Qué manera de burlarse de Dios!" Pero Jesús, que conocía sus pensamientos, les dijo: "¿Por qué piensan mal?" (Mateo 9)
2. El diablo no puede leer tus pensamientos, pero puede intuir lo que piensas, lo que está en tu mente, y crear conjeturas, ya que te observa desde que eras pequeño y te conoce por tus actuaciones, los libros que lees, los programas de televisión que ves, tus conversaciones íntimas, las discusiones familiares, del trabajo.
3. Todo lo que dices en voz alta el diablo lo puede oír. Leí que por eso Jesús al ser tentado, no respondió con su pensamiento, que Dios sí puede

oír, sino que en voz alta respondía: "Está escrito que..."

4. Dios es Omnisciente, un término que significa: "que conoce todo".

5. El diablo es un ser creado, una criatura espiritual con limitaciones, y no lo conoce todo. No puede saber lo que ocurrirá en el futuro. Ni siquiera cuándo será el tiempo en que va a regresar Jesús. La Biblia lo aclara: "Por lo que se refiere a ese Día y cuándo vendrá, nadie lo sabe, ni siquiera los ángeles de Dios, ni aun el Hijo, sino solamente el Padre." (Mateo 24)

6. Dios es omnipresente (está presente en todas partes al mismo tiempo), el diablo no. Se entera de lo que pasa rondando el mundo y a través de una red de ayudantes infernales, espíritus inmundos, demonios que vagan por el mundo. "Yavé dijo a Satán: «¿De dónde vienes?» Satán respondió: «De recorrer la tierra y pasearme por ella»." (Job 2, 2)

7. El diablo te puede hablar de forma audible. La Biblia está llena de ejemplos.
Tengo un amigo que pasó una mala racha en su vida, perdió todos sus bienes materiales por el vicio del juego. Una mañana caminaba desorientado y me cuenta que escuchó una voz audible varonil pero fuerte que le sugería: "Acércate a la calle y cuando pase un autobús

tírate enfrente. Acaba con tu sufrimiento. No vas a sentir nada". No es el primero que me cuenta historias similares en las que el demonio aprovecha los momentos críticos para sugerirles que se quiten la vida. Este problema terminó cuando oraron por él y se decidió a cambiar de vida y volver a empezar. Hoy es un empresario exitoso, ya jubilado. Otro amigo durante 7 años escuchó esas voces que lo atormentaban diciéndole: "Mátate". Todo terminó cuando decidió buscar a Dios. "Dios me sacó de eso, escuchó mis oraciones", me dijo. "Y le estoy agradecido".

¿Y SU PERFIL CRIMINAL?

Viendo esto podemos entender ciertas características del diablo. Veamos su perfil criminal. Nos ayudará a identificarlo. Podrás descubrir su paso en sus acciones sutiles y ocultas. Solo debes estar atento, abrir os ojos y no ser tan ingenuo para darle gusto y creer que no existe o que el pecado no tiene consecuencias.

1. El demonio es arrogante, por eso sabe tentar a los que son arrogantes. Conoce sus debilidades.
2. El demonio es orgulloso, no se humilla.
3. Es rencoroso. No soporta que alguien lo venza.

4. Es envidioso. Que seamos hijos de Dios lo hace odiarnos.
5. Es iracundo, feroz, violento, cruel y peligroso.
6. Celoso.
7. Mentiroso. La Biblia lo describe como *"el padre de la mentira".*
8. Es homicida. La Sagrada Escritura lo dice claramente.
9. Tiene doble intención. Nada bueno puedes esperar de él, siendo egoísta en extremo.
10. Es esclavo de su odio, por eso todas sus acciones están encaminadas a odiar.
11. Astuto para hacer el mal. Por eso conviene mantenerlo a distancia.
12. Inteligente para ponernos tentaciones muy apetecibles, presentándolas como pequeñas concesiones que podemos tomarnos sin consecuencias.
13. Manipulador para distorsionar la verdad.
14. Atemporal, es eterno a diferencia de nosotros que somos temporales en este mundo.
15. Se alegra del dolor humano.
16. Es un maestro del disfraz. Se le conoce como el imitador. Imita la santidad, la bondad y la honestidad para engañar confundir.
17. Desobediente. Los obedientes pueden vencerlo.
18. Deshonesto.
19. Malvado. Es malo con ganas.

20. Tramposo, burlón y perverso.
21. Inútil ante la santidad. La santidad de alguna persona lo paraliza en sus oscuras intenciones.
22. Ambicioso.
23. Instiga al temor y la confusión.
24. Chismoso. Le encanta sembrar chismes para dividir y causar conflictos.
25. Es muy agresivo. Mezcla lo malo con lo bueno para confundir (dice verdades a medias que terminan siendo grandes mentiras).
26. Le gusta desilusionar mucho.
27. Le encanta destruir la dignidad y la integridad de las personas.
28. Le gusta desacreditar a las personas revelando públicamente su pecado para arrinconarlas.

La lista de sus características y defectos continúa… es interminable. ¿Qué te parece amable lector si hacemos un pequeño alto aquí? Lee de nuevo las características que identifican su personalidad turbia y pregúntate si posees alguna de ellas. Te servirá para saber qué aspectos de tu vida debes mejorar, en qué áreas puedes trabajar para agradar a Dios quien te mira complacido desde el cielo, por el esfuerzo que realizas. Al final comprenderás que todo se basa en amar. El amor lo sana todo, lo llena todo, lo da todo. Y concluyes que Dios es amor, por eso quiere que lo descubramos y lo amemos, para que seamos felices.

CÓMO TE ATACA

No es difícil que el diablo conozca tus puntos débiles para seducirte y engañarte con ellos. Suele atacarte de muchas maneras. Lo que he visto es esto:

1. **Primero te golpea en tus bienes materiales.**
2. **Luego a tu familia.**
3. **De último viene por ti**.

Esto los puedes ver en el libro de Job con claridad absoluta, quiere desesperarte, hacer que pierdas la voluntad y la fe y que una vez arrinconado, sin encontrar una salida, te rindas ante su voluntad, reniegues de Dios y caigas en el pecado. Conozco algunos casos impresionantes. Pero veamos lo que vivió Job. Si lees su historia destaca **el orden específico de los ataques que sufrió por el demonio.**

1) Murieron sus bueyes, asnos, ovejas y camellos, lo perdió todo.
2) Murieron sus hijos e hijas.

Ante esta perdida respondió: "Desnudo salí del seno de mi madre, desnudo allá retornaré. Yahveh dio, Yahveh quitó: ¡Sea bendito el nombre de Yahveh!" (Job 1)

3) Entonces "Satán… hirió a Job con una llaga maligna desde la planta de los pies hasta la coronilla de la cabeza.

Job tomó una tejoleta para rascarse, y fue a sentarse entre la basura. Entonces su mujer le dijo: «¿Todavía perseveras en tu entereza? ¡Maldice a Dios y muérete!» Pero él le dijo: «Hablas como una estúpida cualquiera. Si aceptamos de Dios el bien, ¿no aceptaremos el mal?" (Job 2)

Tengo un conocido que coleccionaba autos y le iba muy bien en su empresa, pero era ambiciosos, vivía para hacer dinero. Un día decide cambiar de vida y buscar a Dios. Se esfuerza en aprender y actuar conforme a la voluntad de Dios. De pronto un día se le quema el motor de uno de los autos al encenderlo, al día siguiente lo mismo con otro auto. Y así un día tras otro hasta que se quemaron todos los motores de sus autos y al final de su lancha. Yo estuve allí y lo vi. Sabía de qué se trataba y se lo expliqué. Estaba molesto, por supuesto, perdiendo miles de dólares, pero no abandonó el camino que había emprendido. El diablo seguro cansado de estar probándolo por este medio, quitándole sus bienes materiales, lo dejó tranquilo y volvió a prosperar. El diablo te golpea por tu lado débil, tus vicios, deseos mundanos, y a menudo le cae a los que amas. No creas que tiene escrúpulos, no le importa nada con tal de hacerte caer. Pero tiene dos enormes desventajas, no sabe lo que piensas ni lo que ocurre en tu interior y no puede alterar tu voluntad humana, eres libre de decidir qué harás con tu vida y si aceptas hacer lo que te insinúa por medio de sugestiones, sabiendo tú que es un grave pecado contra Dios. Si cometes un pecado lo haces libremente, no podrás decir cuando estés ante Dios: "No lo sabía", o "me confundí" o "me equivoqué", o "tuve un mal día Señor, mejor olvidemos que eso pasó". No puedes ser más vivo que diablo. Santo Tomas de Aquino escribió que **"toda malicia e inmundicia han sido pensadas por el diablo"**.

Sabemos que cambia de estrategia y táctica cuando es necesario. Si te fortaleces y las tentaciones que te presenta no funcionan busca otra debilidad para lograr su objetivo, que caigamos en el pecado y perdamos la gracia y la comunión con Dios. Busca tu autoestima y te ataca por allí, hace que te sientas poca cosa, tira tu amor propio al piso par que te sientas un lastre de la sociedad. La autoestima es sana en tal medida que tenemos un equilibrio. ¿Cómo tira tu autoestima al piso? El demonio es un experto en sicología y el comportamiento humano. Te hace sentir como si fueras lo peor del mundo, no amado, aborrecido. De allí vienen a tristeza, depresión y suicidio. No olvides que al demonio se le conoce como como homicida de hombres. ¿Te sientes poca cosa? Debes recurrir a la Palabra de Dios donde te dice: **"Dios creó al hombre a su imagen y semejanza"**, ¿qué más necesitas para subir tu auto estima? Busca en la biblia versículos que te ayuden, sobre el amor de Dios.

Cuando te tiene arrinconado, pasado un momento difícil, sabe que es el momento propicio que tanto ha esperado y te ataca con furia a través de tu:

1. **Debilidad.** Conoce tus puntos débiles. Los ha estudiado. Sabe cómo tentarte y lograr que veas el pecado como algo deseable, apetecible, son consecuencias.
2. **Autoestima.** Hace que te sientas poca cosa. Y te arrincona, te lleva a la desesperación y muchas veces al suicidio.
3. Si no puede directamente contigo cambia de estrategia y te ataca nuevamente por tu familia, lo que más amas, el eslabón débil, con el objetivo de debilitarte más. Una vez que estás débil vuelve al principio. Y se repite el ciclo.

Debes orar mucho por tu familia, tus hijos, para que Dios los proteja. Las metas del demonio están enfocadas en destruir la humanidad. No puedes esperar de él nada bueno.

~~

LAS TRAMPAS DEL DEMONIO

"Por tanto, como por un solo hombre entró el pecado en el mundo y por el pecado la muerte y así **la muerte alcanzó a todos los hombres, por cuanto todos pecaron**;" (Romanos 5, 12)

El demonio pone la trampa, no tiene que ser complicada, un simple anuncio publicitario con una mujer o un hombre semidesnudos basta. Usa una carnada apetitosa, que llame la atención de nuestros sentidos y nuestra imaginación. Debe llenar nuestras expectativas, algo que sentimos que merecemos. Oculta o disimula las consecuencias para no las recordemos. Nos da pequeños empujoncitos de cuando en cuando para animarnos, "vamos, lo vas a disfrutar, nadie se dará cuenta"… y se sienta satisfecho por su trabajo a esperar y ver cómo caemos, uno tras otro en su trampa sutil.

Cómo disfruta ese triste espectáculo. Hombres y mujeres deseosos de placer, poder, dinero que sucumben a sus bajas pasiones entrando en una trampa sin salida. La puerta de cierra tras de ti. Disfruta cuando perdemos la gracia y nuestra cercanía con Dios.

Hay que reconocerlo, es un hábil cazador de almas. Un espíritu muy peligroso que quiere destruir la humanidad.

A veces, sencillamente recurre al miedo o al desánimo. Y en ocasiones tiene apoyo externo. Recuerdo haber leído sobre este hombre de fe que caminaba a través del desierto para llegar a un monasterio. Pasó por un pueblo y en las afueras, sobre una enorme piedra vio al demonio tranquilamente sentado. No se esforzaba en tentar a nadie. Se dio este dialogo:

—¿Qué haces afuera de la ciudad?

—Espero para llevarme a los pecadores.

—¿No vas a entrar?

—No tengo que hacerlo. Adentro tengo muy buenos asistentes. Personas que siembran bochinches, odios y crean conflictos. Ellos trabajan para mí.

El hombre siguió su camino y al acercarse al monasterio vio una multitud de demonios que lo estaban atacando. Aquellos eran hombres santos, de oración devota.

Hace unos días publiqué un artículo en la Agencia Católica Mundial Aleteia, sobre las cosas que el demonio no soporta de los humanos, lo que más odia de nosotros los hijos de Dios. Una muchacha escribió: "Estoy empezando una conversión y he tenido ataques espirituales, muchas pesadillas feas.

A veces me pregunto si el malo quiere que desista, pero le pido a Dios y la Virgencita que no me abandonen que me den fortaleza de alma pues pensé en dejar de ir a mis misas por liberación y por sanación". Luego preguntaba si alguien más ha pasado una situación similar.

Me quedé esperando y nadie respondía su inquietud. La verdad es que es un tema escabroso, polémico y muy pocos, hasta creyentes dentro de la iglesia, quieren inmiscuirse. Prefieren ignorar lo que está pasando para continuar sus vidas apacibles y tranquilas. Lo dejan a un lado como si no existiera, no estuviera ocurriendo, como si se pudiera tapar la verdad con un cuadro sobre una pared. No dudé en responderle en seguida, para darle ánimo en su camino de fe.

"Es más común de lo que crees. No le gusta perder un alma. Su estrategia es desanimarnos, hacer que se enfríe nuestra fe. Persiste, no te dejes. Ora mucho, con fervor y pide a un sacerdote que sea tu guía espiritual. Y, sobre todo, no tengas miedo, confía en Dios. Es un padre misericordioso y bueno. Él cuidará de ti."

El demonio no soporta cuando alguien se convierte, no quiere perder un alma que estaba casi en sus manos y empieza a infundir miedos, a molestar, y ver de qué maneras logra alejarlos de la oración y su búsqueda de Dios.

Más coraje le dan los que le arrebatan almas en cantidades. Se dice que pocos santos han tenido que entablar luchas tan terribles y continuas con el demonio como san Juan María Vianney el cura de Ars. Por las noches el diablo le hacía la vida imposible. Solía decir: "El diablo me ha molestado mucho esta noche, mañana seguro habrá una gran cantidad de personas confesándose". Y así ocurría. Los ataques de demonio le anticipaban el éxito en la cosecha espiritual del día siguiente.

Se cuenta que una vez confesaba a un joven y la habitación en que estaban empezó a estremecerse y a sacudirse, el joven se atemorizó, nuestro santo le tomó del brazo. "No es nada", le dijo para tranquilizarlo, "es solo el demonio". El diablo lo detestaba por el éxito que tenía con sus fuertes homilías convirtiendo a los que las escuchaban, haciéndolos cambiar de vida. Una vez el diablo le gritó: *"Faldinegro odiado, agradécele a esa que llaman Virgen María, que si no ya te habría llevado conmigo al abismo"*.

~~~

LAS MÁS EFICACES ESTRATEGIAS DEL DEMONIO

El amor es lo que le da sentido a la vida. El maligno es lo contrario al amor. Busca alejarte de todo lo que sea bondad, amor, gracia, pureza, humildad. Aborrece a los humildes, los obedientes y a las personas que buscan a Dios. Actúa con violencia contra las familias para destruirlas. No es algo que deba decirte, es más que evidente, observa a tu alrededor, mira las Redes Sociales.

He visto tanto sufrimiento por incomprensiones familiares, divorcios, hijos no amados. No tenemos idea del daño que hacemos con nuestras actuaciones egoístas, pensando solo en nosotros. Y no puedo evitar sentir coraje, implicarme, participar en esos debates con el punto de vista de un católico. Creo que es lo correcto, debes hablar, no puedes callar. Estamos llamados al amor, pero también a anunciar y denunciar, sin faltar a la caridad. Está bien sentir temor, disgusto, pero no odies.

El católico que vive su fe sabe bien que se puede enfadar, pero nunca odiar. Te daré un sano consejo, no es mío, es de san Pablo: lo leí esta noche y pensé: "Vaya que es de actualidad". Léelo con atención y ponlo en práctica, en el trabajo, tu hogar, los lugares que visitas.

Créeme, el orgullo es un mal consejero y suele darnos malas pasadas. No tengo que decirte a estas alturas quién se aprovecha de ello para hacerte pecar. "**Enójense, pero sin pecar**; que el enojo no les dure hasta la puesta del sol, pues de otra manera se daría lugar al demonio." (Efesios 4)

No todos saben esto, un criminal encubre sus pasos para no ser descubierto. Borra todo rastro de él. Es su mejor estrategia, pasar desapercibido entre las multitudes. Pero tiene un defecto que lo hacer caer tarde o temprano, "el orgullo". Siempre vuelve al lugar del crimen para recoger lo que las personas dicen, ver sus rostros indignados, atemorizados e inflar su ego.

Recuerdo hace años que asesinaron a un sacerdote a cuchilladas en una parroquia cercana a mi casa. Cuando vi las noticias y que los parroquianos rodeaban la casa parroquial para evitar que los medios informativos entraran a tomar fotos del cuerpo ensangrentado del sacerdote. Le dije a mi esposa que iría para apoyar a los parroquianos. Mi hija me volteó a ver y me imploró: "No vayas papá. Los asesinos siempre regresan a la escena del crimen". La tranquilicé: "Está bien, por ti, no iré, pero tranquila, esas cosas ocurren solo en las películas." Al día siguiente atraparon al asesino. Los diarios locales publicaron en primera plana una foto de la iglesia con la triste noticia.

En medio de la multitud estaba el criminal, como si nada entre la multitud, conversando con los parroquianos, justo al lado de un amigo mío, quejándose con ellos de la inseguridad reinante en el país.

El demonio es el mayor criminal de la historia, pero no actúa diferente de los pequeños maleantes y criminales. Trata de cubrir sus pasos y pasar desapercibido, pero no puede. Los criminales siempre dejan pistas en la escena del crimen, un rastro que se puede seguir hasta atraparlos. El demonio no es diferente, siempre deja un rastro que ayuda a descubrirlo cuando está implicado.

El mal que provoca se expande, afecta a muchos y lo expone como reamente es y a través de tanta oscuridad podemos verlo. Me da por pensar que también vuelve a lugar donde ha causado tanto mal, para deleitarse en su obra maligna. Su comportamiento lo delata.

Y aunque haya personas, que digan que no existe, que es el mal propio de los seres humanos, un mito, una leyenda urbana, o una historia sin fundamento, hay algo que no han tomado en cuenta. Su ardid engañoso, sus obras de crueldad y personalidad enfermiza, lo destacan en el mundo y lo delatan.

No necesitas una inteligencia analítica como Sherlock Holmes para descubrirlo. Y es que no puede disimular su existencia, aunque quiera.

Por más que tenga una inteligencia sobrehumana y nos lleve ventaja al conocer nuestras debilidades, y comportamientos, **comete errores**, a veces se deja ver y actúa visiblemente y sus planes fallan. El mal nunca triunfa, aunque lo aparente.

La Sagrada Escritura lo expone y señala directamente y sin rodeos. Jesús no habló del *principio del mal,* de la personalidad maligna de algunas personas, del mal como algo subjetivo o etéreo. Claramente **señaló al maligno** y se expresó de él como un ser vivo, con personalidad propia, dispuesto al mal. Incluso lo nombra como **"el diablo"** y nos dice sus atributos criminales **"homicida y mentiroso"**. (Juan 8)

Pero veamos, hay que reconocer que es muy hábil un gran estratega criminal. ¿Sus enemigos? Nosotros, la creación, todo lo que provenga de las manos amorosas de Dios. A lo largo de tantos siglos ha logrado descubrir cómo pensamos y actuamos, cuáles son nuestras mayores debilidades, en qué tentaciones caemos con más facilidad. El ciclo se repite una y otra vez. El hombre no cambia su actuar. Por eso ha podido crear una estrategia que varía muy poco. Tiene millones, algunas parecen tener nombre y apellido, pero hay cinco en particular que nos golpean con más fuerza y suele usar. Estás en PELIGRO constante y es bueno que las conozcas para que vivas alerta y no te descuides.

No le abras al demonio una ventana por donde pueda entrar a tu vida, tu casa y tu familia.

Su estrategia para hacernos caer y alejarnos de la presencia amorosa de Dios la desarrolló fácilmente porque ha aprendido a conocer el hombre desde la creación. Daban el hombre y la mujer sus primeros pasos en el Jardín del Edén, cuando llegó a tentarlos, con engaños. Él sabe cómo el hombre se conduce, cómo se comporta, ha estudiado a través de los siglos cómo el hombre piensa y sobre todo sabe cómo el hombre reacciona ante una situación o circunstancia. Por eso existe aquel dicho popular: "Más sabe el diablo por viejo que por diablo", porque ha tenido bastante tiempo, para estudiar al hombre y la mujer.

Desde el principio de la creación el diablo ha visto pasar millones de seres humanos y todos tienen en común tres debilidades básicas: **el orgullo, el dinero y la lujuria...** Debes cultivar tus cualidades, el dominio sobre ti mismo o autocontrol, tu fuerza de voluntad y la oración personal, fervorosa, para resistir sus maquinaciones, seducciones y no caer de bruces en esas sutiles tentaciones. Ahora que lo sabes, no te dejes. Y jamás le abras una ventana por donde pueda entrar (lectura de las cartas, juegos de Ouija, brujería…)

Tiene una clara ventaja. Él conoce nuestras debilidades, vicios, deseos oscuros, y reacciones a diferentes circunstancias, nuestras conductas y comportamientos que nadie sospecha. Esto lo ayuda a desarrollar sus mejores estrategias en contra de la humanidad. Cuando lo conoces, lees las Escrituras y vives sacramentalmente, esa ventaja se vuelca hacia ti. No podrá contigo.

¿Qué tienta a un hombre? ¿Qué tienta a una mujer? ¿Qué los mueve a hacer cosas? ¿Qué desean poseer o experimentar? Conociendo nuestras carencias y deseos más íntimos nos seduce presentándonos como algo apetecible aquello en lo que tenemos debilidades. Te ofrece lo que más te gusta, disfrazado de bien. Busca tus necesidades y te sugiere una respuesta a esa necesidad.

Al orgulloso le muestra aquello que exalta su orgullo, así tienta a los gobernantes, con poder. Al que le gusta el dinero, lo incita a la avaricia, a robar o a poseer riquezas sin límites.

A cada uno lo seduce por su debilidad, ocultando de tu vista las consecuencias que van a tener tus actos. Si pudieras reflexionar en esas consecuencias antes de pecar, te aseguro que jamás ofenderías a un Dios tan bueno. Es como la mujer que piensa abortar, ha ocurrido que le muestran una película de cómo se desarrolla el aborto y las consecuencias que tendrá en su vida de aquí en adelante. A menudo eso basta para hacerla desistir.

Sé que ésta es una lucha que no podemos ganar si lo enfrentamos directamente, y no es mi intención hacerlo, sería un absurdo. él es perverso, un espíritu maligno con poder y nosotros simples mortales. Pero hay cosas que sí podemos hacer: salvarnos, desenmascararlo ante el mundo, y quitarle almas que casi tenía en sus manos, ganarlas para el cielo.

Podemos protegernos con la oración, el estado de gracia, la vida sacramental y la fe. "Tengan siempre en la mano el escudo de la fe, y así podrán atajar las flechas incendiarias del demonio." (Efesios 6)

Antes de continuar debes saber que no estamos solos en esta lucha, Jesús nunca nos abandona. No tengas miedo, no caigas en sus tentaciones, tu lama es demasiado valiosa para Dios, vales mucho a sus ojos. Ahora veamos sus estrategias favoritas:

1. **La seducción**

    Con cuánta facilidad nos seduce el demonio, basta un semidesnudo para que vuele tu imaginación y te lleve al deseo carnal. ¿Te ha pasado que ves las riquezas de otros y las deseas también? Nos seduce con aquello que más deseamos, el placer, el poder y el dinero. La Biblia nos alerta del materialismo, para que no caigamos en su trampa y demos fruto de eternidad:

"¿De qué le sirve al hombre ganar el mundo entero, si al final pierde su alma?" (Mateo 16) El maligno hace apetecible el pecado, lo envuelve como algo bueno, que mereces y te hará feliz, pero no te menciona las consecuencias del mismo. Mi esposa suele comentar una frase que una vez leyó: "Que tristeza perder una maravillosa eternidad por un poco de tierra".

Todo pecado trae consecuencias, por eso el demonio se complace cada vez que alguien cae, y su pecado salpica a los inocentes haciéndolos sufrir. Para ello se vale de nuestros sentidos, sobre todo la vista, desde el principio de los tiempos, cuando engañó a Adán y Eva. "A la mujer le gustó ese árbol que **atraía la vista**". (Genesis 3).

Las Escrituras nos reflejan pecados que entran por la vista: "Pues yo os digo: Todo el que **mira** a una mujer deseándola, ya cometió adulterio con ella en su corazón." (Mateo 5)

Somos ciudadanos del cielo, pero vasijas de barro frágiles en este mundo. Tal vez por eso san Félix aconsejaba cuidar tanto la vista: ***Amigo, la mirada en el suelo, el corazón en el cielo y en la mano el sato Rosario"***.

2. **La distracción.**

   La trampa de **la distracción es una de sus favoritas** y más efectivas. Jesús nos advirtió de ellas para que nos cuidáramos: "El que fue sembrado entre los abrojos, es el que oye la Palabra, pero **las preocupaciones del mundo y la seducción de las riquezas ahogan la Palabra**, y queda sin fruto." (Mateo 183)

Las preocupaciones nos distraen de la vida espiritual, y el diablo le saca provecho en nuestra contra. Es muy hábil y desvía nuestra atención de mil maneras, evitando que recemos, leamos la Biblia, pensemos en Dios o hagamos el bien. Las distracciones del demonio nos impiden enfocarnos en nuestras metas espirituales. Hay tantas distracciones en este mundo materialista, Internet, juegos, vídeos.

¿Te ha pasado que vas a rezar y de pronto te preguntas si apagaste la estufa o la llave de agua? Dejas la oración a un lado y corres a ver. O estás por leer la Biblia y de pronto se te llena la mente de ideas ingenuas, y viajas lejos con tus pensamientos dejando la Biblia a un lado. Es lo típico. Siempre recuerdo la historia de un sacerdote durante su homilía sobre la apuesta de un campesino. Un hombre apostó con su amigo a que no sería capaz de rezar un Padre Nuestro sin distraerse.

El premio sería un caballo. El hombre aceptó y empezó a rezar: "Padre nuestro…", de pronto interrumpió para preguntar: "Pero el caballo, ¿es con montura o sin montura?"

Me acordé de otra historia similar. Unos frailes se encontraban orando y afuera se desató un incendio que amenazaba arrasar sus sembradíos. Se alarmaron, pero uno de ellos se percató de lo que pasaba y les advirtió: "Hermanos, no abandonemos nuestra oración comunitaria. Ese es el demonio que no quiere que oremos". Al terminar de rezar salieron corriendo a ver los sembradíos. Estaban intactos.

3. **Malos entendidos.**

Los usa con mucha habilidad para dividir, separar familias etc. El Papa Francisco nos ha advertido: "**Las divisiones son el arma que el diablo tiene más a la mano** para destruir la Iglesia desde dentro. Tiene dos armas, pero la principal es la división: la otra es el dinero."

4. **El engaño.**

Te hace dudar de tu fe, te engaña, te hace pensar que el pecado es algo bueno, para tu bien. Es astuto y debemos tener cuidado: "Y no hay que maravillarse, pues si Satanás se disfraza de ángel de luz," (II Corintios 11). No seas incrédulo, no le facilites el trabajo, ora, ten fe. El Papa Francisco ha dicho del demonio: "Él "es el padre de la mentira" y sabe cómo "engañar" a la gente."

5. **El miedo.**
Mientras el demonio alimenta el miedo, el amor lo expulsa. "No hay temor en el amor; sino que el amor perfecto expulsa el temor," (1 Juan 4) He sabido de personas a las que se le aparece como una sombra oscura para sembrarles miedo y hacerles pecar. El miedo paraliza, el demonio lo sabe bien. Es una trampa poderosa que usa para atacar el amor al prójimo. Debes recordar que el diablo, aunque invisible, poderoso, inteligente, inmortal, no es invencible. Podemos vencerlo. "**resistan al diablo y huirá de ustedes**". (Santiago 4)

Con esta pandemia el miedo se ha incrementado. "No me atrevo a acercarme al hermano, ni dar limosna por temor al contagio" me han comentado algunos lectores. Nos han querido deshumanizar con el miedo, aunque muchos no se han dejado intimidar. Cientos de sacerdotes están en los hospitales administrando los sacramentos a los enfermos y moribundos, haciendo en todo momento la voluntad de Dios, llevando esperanza. ¿Qué nos dice Dios?

"No temas, pues yo estoy contigo; no mires con desconfianza, pues yo soy tu Dios; yo te he dado fuerzas, he sido tu auxilio, y con mi diestra victoriosa te he sostenido." (Isaías 41, 10)

He terminado este capítulo del libro rezando el Padre Nuestro, procurando no distraerme, repitiendo lentamente: **"y no nos dejes caer en la tentación, sino líbranos del Maligno."** (Mateo 6, 13)

~~

PREGUNTANDO A UN EXORCISTA

1. He visto que ahora se requieren varias sesiones del exorcista. ¿Por qué no puede lograrlo en una sola? Recuerdo el caso en que los apóstoles le preguntaron a Jesús por qué no pudieron ellos. ¿Pasa lo mismo en nuestros tiempos?

En efecto, Jesús no estableció el exorcismo como un Sacramento, es decir, como algo que se realiza plenamente, por la realización de unos gestos y palabras, independientemente de la fe (como es el caso de la Eucaristía, por ejemplo). Jesús quiso que la expulsión de demonios fuera un "signo" de la fe de los creyentes en Él (Mc 16, 17). Por tanto, la eficacia del exorcismo depende de la fe, tanto del que recibe el exorcismo como de quien lo "realiza" y/o participa en él. Además, como sacramental instituido por la Iglesia, el exorcismo usa la fe de toda la Iglesia. Me atrevería a decir que son varias las razones que nos ayudan a comprender por qué los exorcismos son más largos hoy en día que en tiempos de Jesús:

La ignorancia: En los tiempos de Jesús, los demonios tenían más libertad que ahora y la gente no eran cristianos, no habían recibido una doctrina, ni tenían fe... por lo tanto, el exorcismo era más inmediato, mostrando la fuerza de Dios, frente a las creencias paganas.

La falta de fe: La fe cada vez es menor en toda la Iglesia. Cada vez hay menos cristianos que creen realmente en Jesús, que creen que Él sigue obrando milagros hoy; cada vez hay menos cristianos que rezan, que ayunan o dan limosna con sinceridad y desinterés; cada vez hay menos cristianos que se mortifican por los demás, o que creen que los demonios existen realmente, etc.

Esto hace que los exorcismos cada vez sean más largos, porque durante este tiempo, va aumentando la fe en Jesús.

La superstición: El tiempo del exorcismo también está relacionado con la santidad y conversión de las personas, debido a que, por la proliferación, cada vez mayor, de brujos, sincretismos de New Age y otras creencias supersticiosas, tendemos a pensar que solo con cumplir con una normas y palabras (como en la magia), el acto será eficaz y provocará un cambio inmediato... sin necesidad de una verdadera disposición interior a cambiar de vida...

Dios alarga el exorcismo, para evitar que lo confundamos con magia o brujería, pensando que los cristianos son "brujos buenos o blancos" y para mostrarnos que es necesaria la conversión sincera a Él.

2. ¿Ha escuchado alguna vez en un exorcismo a un demonio confesando a qué le teme más, que es lo que puede vencerlo? Siendo el padre de la mentira, ¿se le pueden creer esas palabras?

Lo que más teme un demonio es la fe sincera, **la obediencia** profunda y la santidad. Los demonios temen a los cristianos, lo han confesado muchísimas veces (cuando son cristianos de verdad, claro). Además, los demonios temen a María, nuestra Madre, porque Ella es la cristiana por excelencia, la imagen del cristiano, Ella es la promesa de Dios cumplida plenamente.

No debemos fiarnos de lo que dicen los demonios nunca, porque ellos tratan de mentir incluso cuando dicen la verdad. Sin embargo, en algunas ocasiones subyugados por el nombre de Jesús, se ven obligados a responder a las preguntas que el presbítero les hace en el nombre de Jesús y que tienen que ver con la liberación de la persona, o son obligados por los santos a confesar ciertas verdades para mayor tormento de ellos. Pero es muy importante no detenerse en sus palabras o respuestas y, mucho menos, buscarlas o provocarlas. Por eso es necesaria mucha oración, ayuno, humildad, obediencia a la Iglesia y fe en el Señor, para poder discernir correctamente.

El padre Amorth cuenta el caso de un sacerdote exorcista que estaba convencido de que los demonios podían salvarse si se arrepentían de sus pecados, esta idea, que contradice el Magisterio de la Iglesia, fue aprovechada por los demonios para engañarle, haciéndole

creer que, si los confesaba (a través del poseso), se iban al cielo, y acabó convencido de que no debía exorcizar a los poseídos sino confesar a los demonios que hablaban a través de ellos.

Con eso, los demonios consiguieron, no ser exorcizados (por tanto, el poseído no dejaba de estarlo), burlarse del pobre cura, y ridiculizar el sacramento de la Penitencia.

Al final, tuvo que ser apartado del ministerio exorcístico. Es un ejemplo de cómo, si no somos humildes y plenamente obedientes a la Iglesia, los demonios pueden y, generalmente, lo hacen usar nuestros errores (o falsas creencias) para convencernos de que estamos en lo cierto, incluso usando signos y prodigios aparentes para ello.

~~~

No tengas miedo. Ama. Yo estoy contigo. Recuerda que: "el amor perfecto expulsa el temor."

CAPÍTULO CUATRO

CÓMO FORTALECERNOS CONTRA EL MAL

¿ESTAMOS EN DESVENTAJA?

No creer en él es la mayor ventaja que le das al demonio. Y vaya que sabe aprovecharla. ¿Cómo lo hace? ¿Cuál es su estrategia? Sabe que mientras estés en gracia de Dios nada ni nadie podrá hacerte daño. Por tanto, espera paciente el momento oportuno para enviar sus huestes a sugerirte el pecado como un bien. De eso se trata la tentación. Te hace creer que es algo bueno, que mereces, que te hará feliz, el placer, las ansias de dinero, el poder y la soberbia para sentirte por encima de los demás. Y caes redondo a sus pies. Pecas y te alejas cada vez más de Dios. Dejas atrás la luz y te sumerge en La oscuridad. Lo imagino como un bote en medio de una gran tempestad. Tiene un ancla fuerte sosteniendo, agarrada al fondo marino. Nada va a pasarle.

El demonio espera el momento oportuno, es paciente. Te hace pensar en tu bote, ¿Cómo estará? Te sugiere con mucha sutileza, mejo subo el ancla y lo llevó a la playa. Sales de tu casa aún con la Tormenta, llegas a la playa, te subes al bote, elevas el ancla y cuando vas a remar para llevarlo a la orilla, una enorme ola lo arrastra contigo a la Infinidad del océano, donde ambos se pierden.

Necesita que le alejes de Dios. Y hace lo imposible para lograrlo. Las Escrituras nos. Dicen que quien vive en Pecado es del Diablo. Mientras escribía estas palabras he recordado la curiosa historia que un conocido me compartió hace años, como una anécdota, y me pidió: "Algún día, cuando puedas, inclúyela en uno de tus libros. Tal vez sea de provecho espiritual". En esos días abundaban los videos clubs. Te hacías socio y podrías disfrutar los fines de semana viendo películas de diferentes géneros. Se usaba un sistema domestico de grabación llamado VHS, que no era de la mejor calidad. Veamos la historia:

"Un sábado por la noche me llegaron tentaciones de todo tipo contra la pureza, una voz me decía que fuera al video club a sacar películas pornográficas. No quería caer en esa tentación, pero era muy fuerte. Idee un plan. Iría a primera hora, cuando solo estuviera el dependiente. Esas películas las habían colocado en un cuartito separado por una puerta giratoria con un letrero "SOLO ADULTOS". Al día siguiente fui muy temprano y entré a ver los títulos. De pronto pensé: "No quiero ofender a Dios y recé: "Señor, si no quieres que vea estas películas, házmelo saber. Sino haces nada, tomaré una". No pude dejar de reírme con lo que le ocurrió a continuación. Fue increíble." Solo estábamos la dependiente, que esperaba detrás del mostrador y yo. En eso se abre la puerta del local, suena la campanilla que colgaba del dintel y escucho la voz de un sacerdote que conocía bien: "Vengo a buscar películas de comedias y westerns". Se hizo un silencio incómodo.

Me corrí hacia una esquina para que no me viera los pies, pero era tarde, noté que se inclinó para ver quién estaba dentro. Y ese era yo. Esto duró pocos minutos, para mí fueron horas. Supongo que así se debe sentir el purgatorio. Horrible. Cuando se marchó salí del cuartito, empapado en sudor frio y me marché ara nunca más volver. Esa mañana recibí la lección de mi vida".

Todavía me sonrió al recordarlo. Le pidió a Dios una señal de que no le agrada lo que iba a hacer y le mandó nada menos que a un sacerdote que lo conocía bien, para que pasara esta tremenda vergüenza. La verdad es que es un tema muy serio, pero me reí con ganas. "Si sabes que no debes, le dije, ¿cómo se te ocurre?"

En Fátima se cuenta que la Virgen le explicó a Jacinta, una de las niñas videntes que "más almas van al infierno por los pecados de la carne que por ningún otro pecado". Y esto es una tragedia. Parece que hay un mundo subterráneo que no está a la vista de todos, en el que ocurren la mayor cantidad de pecados, donde se ha perdido en respeto a Dios y se le ofende abiertamente. En el mundo hay una gran necesidad de tu oración y buenas obras. Necesitamos volver la mirada a Dios.

Dios siempre se hace presente, te muestra el camino de santidad, lo que a Él le agrada, pero también te dice: *"Es tu elección. Tú decides el camino, porque tienes libre albedrío"*. Dios quiere ser amado con libertad, no por miedo u obligación. Para que nunca digas: "Yo no sabía?", te muestra ambos finales: el destino de quienes lo siguen y el de aquellos que han optado por apartarse de su Amor. "Esa será la herencia del vencedor: yo seré Dios para él, **y él será hijo para mí.** Pero para los cobardes, los renegados, los corrompidos, los asesinos, los impuros, los hechiceros, los idólatras, en una palabra, para todos los falsos, su lugar y **su parte es el lago que arde con fuego de azufre,** que es la segunda muerte". (Apocalipsis 21)

Las tentaciones siempre estarán presentes en nuestras vidas. Sin embargo, también está presente la fortaleza que Dios nos da, porque no desea que nadie se pierda. "No habéis sufrido tentación superior a la medida humana. Y fiel es Dios que no permitirá seáis tentados sobre vuestras fuerzas. Antes bien, con la tentación os dará modo de poderla resistir con éxito." (1 Corintios 19, 13)

10 HÁBITOS PARA FORTALECERNOS

Somos personas de hábitos, durante años uso la misma silla del comedor, cuando van a ser las 4:00 p.m. sé que mi esposa no demora en llamarme para que la acompañe y baje a tomar un café y probar unos panecillos calientes con mermelada casera. Con los hábitos espirituales ocurre algo similar. Debes acostumbrarte a tomar un tiempo cada día para estar en la presencia de Dios y orar, para ir a misa. La experiencia de tantos años me ha enseñado que sin vida sacramental y sin la oración cualquier acción evangelizadora que emprendas será ineficaz. Necesitas nutrir tu alma y fortalecerla en el amor, que da frutos de eternidad. San Pedro nos dice estas palabras esperanzadoras: "Sobre todo, ámense profundamente los unos a los otros, porque el amor cubre todos los pecados."

Podría proponerte estos hábitos para que los incorpores en tu rutina diaria, pero prefiero solo compartir contigo algunas de las actividades que enriquecen mi vida espiritual. Me ha ayudado muchísimo, llenándola con el amor de Dios, dándole sentido a todo lo que hago, sobre todo escribir estos libros para ti. Tuve que empezar por la virtud de la Templanza o el autodominio de uno mismo, para perseverar y no abandonar estas prácticas de crecimiento espiritual y personal.

He tratado de seguir este sabio consejo que me permite sentir el amor de Dios, verlo en su creación, saber que está con nosotros, a nuestro lado, en nuestro interior. Encuentras el consejo en Filipenses 4: "Estén siempre alegres en el Señor; se lo repito, estén alegres y den a todos muestras de un espíritu muy abierto. El Señor está cerca. No se inquieten por nada; antes bien, en toda ocasión presenten sus peticiones a Dios y junten la acción de gracias a la súplica."

Me recordó las palabras que don Bosco colocaba en sus oratorios que nos invitan a ser santos alegres: "Tristeza y melancolía fuera de la casa mía". Mi alegría es interior y no suelo reflejarla, me cuesta porque vivo reflexionando. Mi papá solía llamarme "naif" (ingenuo) y me preguntaba en qué planeta estaba viviendo, en qué tren me había montado.

Disfruto mucho el silencio, ir a una iglesia vacía y quedarme en una banca sin escuchar el ruido de la calle, alejarme a lugares donde pueda ver la naturaleza para pensar en Dios, su creación y lo bueno que ha sido con nosotros. Una vez leí que todos somos santos en camino y la guía, el mapa para llegar al Paraíso está a nuestro alcance en las bienaventuranzas. La vida es una bendición y las bienaventuranzas nos las recuerdan. Empiezan con esta palabra: "Bienaventurados". El Papa Francisco lo ha dicho: *"Las bienaventuranzas, que son como el mapa de la vida cristiana"*.

Me decía mi abuelita cuando hacía alguna travesura de niño: "Sea bueno mijito, pórtese bien. Árbol que crece torcido nuca su rama endereza". Para ello debemos cultivar hábitos buenos que nos ayuden a dar frutos de eternidad. Los mejores hábitos son los que nos hacen santos. He tratado de seleccionarlos y aplicarlos en mi vida. Me cuesta mucho, lo reconozco, igual que orar. Sé que mi oración es pobre, pero también, que Dios escucha siempre la oración de sus hijos amados. Ese es mi consuelo ante mis debilidades y caídas. Aun conociendo nuestra debilidad, Dios nos pide que seamos santos.

Es increíble. Podríamos responderle: "Señor, ¿acaso no me conoces? Sabes lo que soy y las cosas que hago..." Dios, al que nada le puedes ocultar, insiste: "Hijo mío... ¡Sé santo!" Cuando le respondas: "Señor lo intentaré, pero dame las fuerzas". En ese momento te responderá emocionado: "No temas, que yo estaré siempre contigo".

Quiero presentarte algunos hábitos cotidianos que a mí me han ayudado mucho y fortalecido mi vida espiritual. Si uno de estos te gusta, puedes incorporarlo a tu rutina diaria y si otros te parecen bien, poco a poco los vas agregando. Ve despacio, primero se gatea, luego aprendes a caminar y al final, fortalecidos los músculos, puedes correr. Pide al Espíritu Santo que te ilumine y te ayude en este cambio de vida.

Puedes buscar a un sacerdote de tu confianza que te sirva como Director Espiritual y consultar con él, podrá orientarte. Me encanta consultar a los sacerdotes cuando tengo dudas. Tienen una experiencia espiritual invaluable y dan los mejores consejos. Estos hábitos que he desarrollado a lo largo de 60 años. Los he aprendido de los buenos consejos que me han dado sacerdotes amigos y en la lectura de libros de espiritualidad católicos, sobre todo leyendo la vida de los santos, descubriendo cómo lograron esos grados tan altos de santidad y la fuerza espiritual para resistir al demonio y salvar miles de almas de sus garras. Son rutinas muy sencillas, apenas me quitan unos minutos, me fortalecen y ayudan cuando llegan las más fuertes tentaciones o cuando debo enfrentar un problema muy serio, al que no logro encontrar una solución. Creo que son eficaces porque me llevan a reconocer que somos hijos amados de Dios, que nada podemos sin Él y que, para Dios…

"NADA HAY IMPOSIBLE".

El resto llega por añadidura; la paz, la serenidad, la humildad que tanto me cuesta, el aumento de mi pobre fe, aprender a abandonarme en sus brazos paternales y aceptar su santa voluntad. Vivir de la Providencia Divina, saber que Él va a responder mi oración, que le agrada y valora nuestro esfuerzo ha cambiad mi vida. Sé que Dios cuida de mí.

Va a llegar un momento en que todo lo harás con amor, para gloria de Dios. Cuidarás que de tu boca solo salgan palabras edificantes. Y vivirás haciendo el bien, dando ejemplo con tu vida. Me ha ocurrido, no es algo que he leído, lo vivo a diario por eso me animo a compartirte mi experiencia personal esperando que te sirva.

Tengo muchos hábitos Marianos, rutinas que, sin darme cuenta, me llevan a saludar a la Virgen María a lo largo del día y le expreso mi amor. Una de las que más disfruto es acercarme a una bella imagen que me trajo desde Fátima una sobrina. Todas las mañanas cuando paso frente a ella recuerdo esta vivencia de san Bernardo. Se cuenta que en el patio del convento habían colocado una imagen la Virgen. Bernardo, al pasar frente a ella se inclinaba en señal de respeto y gratitud, y le decía con profundo amor: "Yo te saludo María". Una mañana pasando frente a la imagen, Bernardo saludó a la Virgen, la imagen de yeso cobró vida brevemente y respondió amablemente: "Yo te saludo Bernardo".

He tomado el saludo de san Bernardo y cada mañana, al bajar las escaleras y pasar frente a esta hermosa imagen que me trajeron de Fátima, le digo a la Virgen, pensando en ella con amor: "Yo te saludo María".

A menudo recuerdo una experiencia que tuve años atrás. Necesitaba unas herramientas para un trabajo en la casa y fui a una ferretería. En el departamento de jardinería vi a un hombre mayor que de pronto se alejó un poco de las estanterías y lo vi musitando unas palabras. Lo señalé y pregunté a uno de sus compañeros:

— ¿Qué hace?

Su respuesta me sorprendió:

—Reza.

Al rato me acerqué con curiosidad y le pregunté que estaba haciendo, pues llamó mi atención.

—A medio día rezo el Ángelus y cada hora un Avemaría para honrar a nuestra Madre del cielo.

Salí conmovido de aquella tienda. Este hombre sencillo y humilde, que atendía la sección de Jardinería me dio una lección que nunca he olvidado. "Amor con amor se paga", die el refrán y es la mejor manera de pagar a la Inmaculada y siempre Virgen María por su amor y cuidados inmerecidos. Ella pasa atenta a nuestras necesidades y acude a su hijo:

—Por favor, ayuda a tal persona.

Y su Hijo que siempre la escucha le concede su petición. Es una gran intercesora.

LOS 10 HÁBITOS

1. Hacer un breve examen de conciencia cada noche antes de dormir y pedir perdón a Dios por los pecados cometidos.
2. Ofrecer a Dios cada día al despertar y encomendarte a la Virgen y su protección maternal.
3. Participar con fervor de la misa diaria.
4. Comulgar en estado de gracia. Te convertirás en un sagrario vivo
5. Recibir con frecuencia los sacramentos.
6. Dedicar un rato cada día a la lectura de la Biblia. Sabrás lo que Dios quiere de ti.
7. Leer libros de Crecimiento Espiritual. Son un gran alimento para el alma.
8. Separar un espacio del día para rezar y ponerme en la presencia de Dios. Para mí, el mejor lugar es en algún oratorio cercano, ante Jesús VIVO en el sagrario.
9. Rezar el Rosario todos días. Es la oración Cristo céntrica por excelencia, la más rezada en el mundo y que complace a nuestra Madre del cielo.
10. Rezar cada día el Ángelus, al medio día.

El Ángelus es la oración que rezamos los católicos a las 6:00 a.m., 12 del medio día y las 6:00 p.m. Nos recuerda el anuncio del arcángel san Gabriel a la Virgen María. Se reza así:

El Ángel del Señor anuncio a María;
Y concibió por obra del Espíritu Santo.
Dios te salve, María...

Aquí está la esclava del Señor;
Hágase en mi según tu palabra.
Dios te salve, María ...

Y el Hijo de Dios se hizo hombre;
Y *habitó entre nosotros.*
Dios te salve, María ...

Ruega por nosotros Santa Madre de Dios. *Para que seamos dignos de las promesas de Cristo.*
Dios te salve, María...

Infunde Señor tu gracia en nuestras almas para que los que por el anuncio del ángel hemos conocido la encarnación de tu Hijo, por su pasión y su Cruz seamos llevados a la gloria de la resurrección. Por Jesucristo Nuestro Señor. Amen.

* * *

Ahora lo sabes, el santo no sale de un molde especial, empieza como nosotros, con problemas, dificultades y pecados. Ser Santo... ¿Acaso hay algo más deseable?

El mismo Dios ha sembrado esta semilla en nuestros corazones, con la esperanza que nos atrevamos a cultivarla. La santidad inspira, ilumina, es contagiosa. Por eso la Iglesia ha puesto a tantos santos como ejemplos de vida. He leído las biografías de los santos y siempre me sorprendo al darme cuenta, que en sus inicios eran como yo, y como tú. Personas comunes y corrientes, con grandes defectos y problemas cotidianos.

~~

El Papa Benedicto XVI dijo en una ocasión:

"Ser santo es ser amigo de Dios".

Así de simple.

El santo es **amigo de Dios**, por eso confía y espera en la Providencia. Por eso su serenidad y alegría. Sabe que nunca quedará defraudado. Qué forma más simple y hermosa de seguir a Dios, de ser santo. Ser amigo de Dios y ser amado por Dios.

CUÍDATE DE LOS INFILTRADOS

He leído testimonios de no creyentes que se han convertido, luego que experimentaron sorprendidos el amor incondicional de Dios y comprendieron que también era para ellos. Los tomó de sorpresa. Fue un evento extraordinario que nunca esperaron. Uno de ellos solía ser un satanista, servidor del diablo y ahora es un sacerdote católico que alerta a todos los que quieran escucharlo, para que abran sus ojos a una realidad incomoda, de la que pocos quieren saber. Era una persona vacía, amargadas, egoísta, con malas intenciones. Confiesa en sus escritos que durante años se infiltró en grupos católicos juveniles y en las parroquias para hacer dudar a los creyentes y empujarlos al abismo, a que perdieran la fe. Era un infiltrado que parecía una persona normal, con buenas intenciones, amigo de todos.

¿Por qué caemos?

La poca instrucción religiosa, una vida pobre de oración y las malas compañías, convertían a algunos católicos en presa fácil. Cuenta que se hacía pasar una como un creyente con inquietudes sanas, que iba en búsqueda de una espiritualidad cristiana y una fe que lo ayudara a cambiar su vida. El demonio llama a estas personas: *"ayudantes",* porque le hacen el trabajo sucio para hacernos perder nuestras almas.

Sus acciones estaban programadas. Primero identificaba a sus víctimas, a los que parecían más débiles y con problemas familiares o que hubiesen tenido una experiencia traumática. Los estudiaba con cuidado, se hacía amigo sin despertar sospechas de sus intenciones. Fácilmente encontraba dónde flaqueaban y por allí se colaba, con cuestionamientos sutiles que parecían inocentes, preguntas difíciles como:

"Si Dios es tan bueno, ¿Por qué permitió esa tragedia que te pasó?"

He encontrado en la vida algunos como él. Me han hecho estas preguntas: *"Si Dios es Todopoderoso, ¿por qué permite que ocurra el mal? ¿Quiere decir que no es bueno o que no existe?". "Si Dios creó todo, ¿debemos suponer que también creó el mal y las enfermedades?" "¿Puedes probar que Dios existe?"*

Me sueltan una sonrisa sutil, la trampa está echada.

"Vaya que eres hábil", respondo. *"Pero no tienes recta intención. Y eso te descalifica".*

Me hacen pensar en las hienas. Las llaman: *"los médicos de la sabana"* porque pueden detectar en las manadas a los animales débiles o enfermos. Los separan de la protección del grupo para atacarlos y comerlos. El demonio, igual que estas personas, busca a los débiles o en situaciones vulnerables para hacerlos caer.

Tengo respuestas a esos cuestionamientos. La primera afirma que conservaré la fe, aunque sea débil o no comprenda muchas cosas. Sé que debo confiar y orar más, Pido a Dios cada día con humidad: *"Auméntame la fe Señor"*.

Es muy difícil convencer a alguien que no desea debatir, y que te cuestiona con el solo propósito de confundirte y sembrar dudas. Nada de lo que digas los hará cambiar. No podrás convencerlos. **Están programados para hacer el mayor daño posible y que éste se extienda como una onda expansiva a tu alrededor.**

Piénsalo, es evidente que esas preguntas fueron programadas para causar el mayor efecto en ti. Fueron perfeccionadas, extraídas de algún **Manual** por el que todos se rigen. Son las preguntas que usan de argumento también los ateos, los enemigos de la fe y los que sencillamente quieren verte dudar. Tienen un propósito definido: apartarte del amor de Dios. *¿Serás tan ingenio para caer?*

Ataques a la Virgen

Ellos son infiltrados en la Iglesia, que vienen a buscar y destruir ingenuos. Los he visto en las redes sociales y sitios católicos. No tienen escrúpulos para atacar a la Virgen. Te señalan que no es bíblico nuestro amor y devoción a la Virgen María. Te dicen que solo Jesús intercede ante su Padre, que los católicos adoramos a la

Virgen, que ella no fue siempre virgen porque Jesús tuvo hermanos. Dicen que María está muerta y no nos puede oír. Usan sin respeto la imagen de la Inmaculada burlándose de ella con desprecio.

¿Por qué la atacan tanto? Es muy sencillo. Saben que el demonio la odia, le teme y **quieren alejarte de sus cuidados y protección,** para dejarte indefenso. No lo permitas.

La Virgen es nuestra madre del cielo. Defiéndela. Ten presente las dulces palabras que le dijo a Juan Diego en 1531: *"Oye y ten entendido, hijo mío el más pequeño, que es nada lo que te asusta y aflige. No se turbe tu corazón, no temas esa ni ninguna otra enfermedad o angustia. **¿Acaso no estoy aquí yo, que soy tu madre?** ¿No estás bajo mi sombra? ¿No soy tu salud? ¿No estás por ventura en mi regazo?..."*

Casi todos los santos de nuestra Iglesia han sido grandes devotos de la Virgen. Don Bosco recibió muchos favores de nuestra Madre del cielo y solía invitar a todos para que la amaran.

Les decía: ***"La devoción y el amor a María Santísima es una gran protección y un arma poderosa contra las asechanzas del demonio"**.*

San Juan María Vianney, el cura de Ars, otro enamorado de la Virgen María. aseguraba:

"Si yo no tuviera a la Madre de Dios que me defiende a cada paso de los peligros del alma, ya habría caído el poder de Satanás".

Estos ayudantes de la oscuridad son astutos. Te acusan de adorar imágenes, señalan que en nombre de Dios se han cometido muchas aberraciones, que la iglesia está llena de sacerdotes pedófilos, o te preguntan por qué el Vaticano no reparte sus riquezas entre los pobres. Un católico instruido sabe responder, conoce algo de apologética para poder *"defender racional e históricamente los dogmas de la fe"*.

Tiran sus redes de caza en sitios católicos y siempre hay alguien que cae y empieza a dudar de su fe. Aunque les muestre que Dios de todo mal puede sacar **un bien mayor**, y que en todo hay un propósito, es por gusto. No lo van a creer. Pero hay alguien que los vence, pulveriza sus acciones y los transforma: *"Dios"*. Por eso conviene rezar por ellos y su conversión.

¿Qué puedes hacer?

En lugar de discutir ingenuamente y perder tu tiempo, reza por ellos. Pide a Dios su conversión. Rezar por tu semejante es un acto de misericordia que Dios valora mucho. La santísima Virgen María, en sus apariciones aprobadas por la Iglesia, siempre pide que recemos por los pecadores.

Vive tu fe con naturalidad y da ejemplo con tu vida y palabras. Sé feliz. Instrúyete, debes conocer tu fe para amarla y defenderla. Fortalécete leyendo la Biblia, estudiando el Catecismo de la Iglesia católica. Lleva vida sacramental, ora con fervor y persistencia, pide a Dios que te ayude. Él es bueno, un padre extraordinario. Tiene motivos que jamás comprenderemos.

No permitas que NADIE ni NADA te arrebate la fe, (tu mayor Tesoro), sembrando semillas de cizaña en tu corazón. **Tú ten fe y confía,** que Dios lo hará bien. Nunca olvides las palabras esperanzadoras de la Biblia: *"donde abundó el pecado, sobreabundó la gracia."* (Romanos 5, 20)

A menudo recuerdo la impresionante historia que me contó un sacerdote amigo, sobre la fe. Resulta que, en Nicaragua, durante la guerra, reclutaban a los jóvenes de las familias para ir a pelear con el ejército. Una familia tenía seis hijos. Los fueron reclutando de a uno y así mismo les devolvían los cuerpos inertes de sus hijos muertos para que los enterraran. Una mañana, iban saliendo de la casa para el entierro del quinto hijo cuando llegó un camión del ejército con el cuerpo del sexto hijo que había muerto en batalla. El esposo miró desesperado a la esposa y le preguntó:

—Y ahora, ¿qué vamos a hacer?

—Nada —respondió ella—. Seguir creyendo.

EL PECADO NO ES MÁS GRANDE QUE EL AMOR DE DIOS

"Lo tengo todo, dinero, autos, casas, una hermosa familia, pero siento una angustia que me carcome y un vació estrepitoso en el alma, vivo sin paz.". Le dijo aquel hombre a mi amigo sacerdote quien le respondió: "**Lo tienes todo menos a Dios, por consiguiente, no tienes nada.** Una buena confesión sacramental te vendría bien".

El hombre estaba desesperado y aceptó. Se confesó y recuperó la alegría de vivir, se transformó en otra persona. Ahora viene a misa y pasa por la Iglesia antes de ir a su trabajo para agradecer a Dios el día, su trabajo y pedirle su bendición. El cambio es sorprendente. De vivir angustiado, ahora camina en paz, con serenidad.

Le ha pasado a muchos que conozco, algunos pensaban que no tenían remedio y que Dios no les perdonaría sus muchos pecados.

No conocen a Dios, de hacerlo se acercarían confiados a Él y anhelarían crecer en santidad y vivir para agradar a Dios, que nos tiene reservados grandes Tesoros en el cielo. Y es que hay que valorar los bienes espirituales, las cosas del cielo donde tenemos nuestro verdadero hogar.

Acostumbrarse a la oración diaria hacer una buena confesión sacramental con un sacerdote ha cambiado muchas vidas. Tengo amigos que se han confesado después de muchos años, sus vidas cambiaron radicalmente. Recuerdo uno que me encontré en el pasillo del Santuario Nacional del Corazón de María. Lo vi apesadumbrado. "Vengo a misa, pero vivo alejado de Dios. No tengo paz en mi interior. Nada me satisface". Lo miré serenamente. Acabábamos de salir de una maravillosa Eucaristía y me sentía lleno de Dios, inundado por su amor. "Tengo la solución a tu problema", le dije con certeza, "y es muy sencillo". Mi vio asombrado. "Lo he probado todo y nada ha resultado. Por favor Claudio, dime, ¿qué debo hacer?" Señalé el interior de la iglesia. Uno de los cuatro confesionarios tenía la luz encendida, indicaba la presencia de un sacerdote confesando. "Una buena confesión te ayudará. Es urgente que restaures tu amistad con Dios y que vivas en estado de gracia. ¿Quieres recuperar tu paz? Para empezar, confiésate. El resto se dará por añadidura". No estoy seguro si mis palabras calaron en su alma. Se marchó agradeciendo el consejo.

Meses después lo encontré en esa misma iglesia. Parecía otra persona. Estaba sentado solo en una de las bancas, rezaba con gran fervor. Me sorprendió muchísimo verlo orando, con esa paz sobrenatural que se reflejaba en su rostro.

Nos vimos a la salida y con amabilidad me dijo: "Gracias Claudio por tu consejo. Fue lo mejor que he hecho en mi vida. Aquella mañana, rebelde como soy, me marchaba, pero "algo" en mi interior me urgió a bajarme del auto y regresar a la iglesia.

El sacerdote confesaba y me coloqué en la fila junto a otros penitentes. A medida que me acercaba al confesionario experimenté un dolor por mis pecados, fui capaz de ver cada ocasión en que ofendí a Dios.

Me dolieron porque me hallé ante un Dios tan bueno que no merecía esto de mí. A medida que me confesaba con el sacerdote fui experimentando algo nuevo en mi alma. Cada pecado que confesaba era una roca pesada que me quitaba de la espalda y arrojaba lejos de mí, con el propósito de jamás volver a pecar. Cuando me dio la absolución casi lloro de la emoción.

Entré encorvado en aquel confesionario, llevando mis pecados como un saco lleno de piedras demasiado pesadas para mí, y salí con la frente en alto y una sonrisa en el rostro de agradecimiento, sabiéndome "un hijo amado de Dios".

Sentí la necesidad de orar, y quedarme siempre en la presencia de Dios. Ahora aprovecho cada momento que pueda para rezar y dar gracias a Dios por esta nueva oportunidad de vivir y ser feliz a su lado".

Mi amigo descubrió lo que para muchos es un misterio, un tesoro por encontrar. "El Reino de los Cielos es semejante a un tesoro escondido en un campo que, al encontrarlo un hombre, vuelve a esconderlo y, por la alegría que le da, va, vende todo lo que tiene y compra el campo aquel." (Mateo 13, 44)

Me dejó sorprendido por con su testimonio. Al tiempo lo volví a encontrar y me dijo: *"Gracias por ayudarme a recordar que Dios es la verdadera riqueza"*. Me dejó reflexionando en ello todo el día, en nuestra verdadera riqueza: "Dios". Lo olvido con tanta frecuencia. De pronto me llegan las tentaciones y pienso que debo vivir para acumular bienes materiales. ¡Qué insensatos somos a veces! Como si estas cosas duraran para siempre. *"Allí donde está tu riqueza, allí estará también tu corazón"*. (Mt 6, 21) Yo anhelo que mi corazón palpite en su Amor. Vivir en Dios. Que Él lo sea todo para mí.

Dios te habla. ¿Quieres escucharlo? Abre tu Biblia y encontrarás sus preceptos, lo que quiere de ti. "Escuchen mi voz, y yo seré su Dios y ustedes serán mi pueblo. Caminen por el camino que les indique para que siempre les vaya bien". (Jr 7, 23)

¿Qué nos pide Dios? Que lo amemos y amemos al prójimo. Más sencillo no puede ser.

UN MINUTO DE ORACIÓN

¿Estás pasando un mal momento? Reza. Es importante que todos lo sepan, lo dijo san Juan María Vianney: "Quien no reza se priva de aquello que es indispensable para vivir". Reza, amable lector y encontrarás el rostro amable de Dios que emocionado te mira desde el cielo y te responde: *"Aquí estoy"*.

Sé que seguramente estás en un mal momento, una dificultad para la que no encuentras solución, no eres el único, me ha pasado innumerables veces. Pero no te preocupes. Hace mucho aprendí que todo pasa. Haz lo que hice yo y me funcionó: "Abandónate en las manos amorosas de Dios", quien todo lo hace para tu bien.

Reza con insistencia y fervor y acepta esta hermosa invitación de Jesús: "Vengan a mí los que van cansados, llevando pesadas cargas, y yo los aliviaré". (Mateo 11)

La oración es estar en la presencia de aquél que sabemos que nos ama. Hagamos un minuto de oración para estar en la dulce y amorosa presencia de Dios que nos ama incondicionalmente. *Rezar me ayuda a tener serenidad y momentos de paz.* Me da la certeza de saberme amado por Dios y la fortaleza para resistir las tentaciones e incidías del demonio que quiere perdernos y llevarse nuestras almas.

Ahora recemos, ¿te animas? Un minuto de oración en la santa presencia de Dios. *"Ven Espíritu Santo y envía desde el cielo un rayo de tu luz"*.

Primero debemos pedir perdón a Dios.
Lo ofendemos con demasiada facilidad.

¡Jesús mío, misericordia!
Jesús mío; te pido perdón por los muchos pecados que he cometido durante mi vida.
Por los de mi niñez y adolescencia.
Por los de mi juventud.
Por los de mi edad adulta.
Por los que conozco y no conozco.
Por lo mucho que te he disgustado con ellos.
Por lo mal que me he portado contigo.
Siento mucho haberte ofendido.
¡Perdóname, perdóname, perdóname!
Perdóname según tu gran misericordia.
Perdóname por lo ingrato que he sido para Ti.
Perdóname y no quieras ya acordarte de mis pecados.
Perdóname y limpia mi alma de toda basura e infidelidad.
Perdóname y ten misericordia de este pobre pecador.
Perdóname, porque estoy muy arrepentido.
Perdóname, que quiero ser bueno en adelante con tu divina gracia.

Perdóname y aparta tu rostro de mis ingratitudes.
Perdóname, que me causan mucho miedo mis pecados.
Perdóname, porque me reconozco pecador y reo.
Perdóname, porque no obstante Tú sabes que te quiero mucho. Jesús, sé para mí Jesús.
Madre mía, intercede por mí ante tu divino Hijo Jesús. ¡Dulce Corazón de María, sé mi salvación!

* * *

Con esta hermosa oración de San Agustín pidamos lo fundamental "vivir para Jesús".

Jesús, que me conozca a mí, y que te conozca a Ti
Que no desee otra cosa sino a Ti.
Que todo lo haga siempre por Ti.
Que me humille y que te exalte a Ti.
Que no piense nada más que en Ti.
Que me mortifique, para vivir en Ti.
Que acepte todo como venido de Ti.
Que renuncie a lo mío y te siga sólo a Ti.
Que siempre escoja seguirte a Ti.
Que huya de mí y me refugie en Ti.
Que me tema a mí y tema ofenderte a Ti.
Que sea contado entre los elegidos por Ti.
Que desconfíe de mí y ponga toda mi confianza en Ti.
Que obedezca a otros por amor a Ti.
Que a nada dé importancia, sino tan sólo a Ti.

Que quiera ser pobre por amor a Ti.
Mírame, para que sólo te ame a Ti.
Llámame, para que sólo te busque a Ti.
concédeme la gracia de estar siempre contigo.
Amén.

* * *

Recemos con fervor la oración del Padre Pio que ha transformado tantas vidas.

Quédate, Señor, conmigo, porque es necesaria tu presencia para no olvidarte. Sabes cuán fácilmente te abandono.

Quédate, Señor, conmigo, pues soy débil y necesito tu fuerza para no caer muchas veces. Quédate, Señor, conmigo, porque eres mi luz y sin ti estoy en tinieblas. Quédate, Señor, conmigo, porque eres mi vida y sin ti pierdo el fervor. Quédate, Señor, conmigo, para darme a conocer tu voluntad.

Quédate, Señor, conmigo, para que oiga tu voz y te siga. Quédate, Señor, conmigo, pues deseo amarte mucho y estar siempre en tu compañía.

Quédate, Señor, conmigo, si quieres que te sea fiel. Quédate, Señor, conmigo, porque por más pobre que sea mi alma, desea ser para ti un lugar de consuelo y un nido de amor. Quédate, Jesús, conmigo, pues es tarde y el día se acaba…

La vida pasa; la muerte, el juicio, la eternidad se acercan y es necesario recuperar mis fuerzas para no demorarme en el camino, y para ello te necesito. Ya es tarde y la muerte se acerca.

Temo la oscuridad, las tentaciones, la aridez, la cruz, los sufrimientos y te necesito mucho, Jesús mío, en esta noche de exilio.

Quédate, Jesús, conmigo, porque en esta noche de la vida, de peligros, necesito de ti. Haz que, como tus discípulos, te reconozca en la fracción del pan; que la comunión eucarística sea la luz que disipe las tinieblas, la fuerza que me sustenta y la única alegría de mi corazón.

Quédate, Señor, conmigo, porque en la hora de la muerte quiero estar unido a ti; si no por la comunión, al menos por la gracia y por el amor.

Quédate, Jesús, conmigo, no pido consuelos divinos porque no los merezco, sino el don de tu presencia, ¡ah, sí, te lo pido!

Quédate, Señor, conmigo; sólo a ti te busco; tu amor, tu gracia, tu voluntad, tu corazón, tu espíritu, porque te amo y no pido otra recompensa sino amarte más.

Con un amor firme, práctico, deseo amarte de todo corazón en la tierra para seguirte amando perfectamente por toda la eternidad.

* * *

Y ahora acudamos a la Madre de Nuestro Salvador, vamos a consagrarnos a la Inmaculada, la Bienaventurada Virgen María.

Usaremos esta hermosa consagración escrita por san Maximiliano Kolve, mártir en el campo de concentración nazi de Auschwitz, donde ofreció voluntariamente su vida a cambio de la de un padre de familia. Su amor a la Inmaculada fue el centro de su vida. La Inmaculada Concepción de la Virgen María, *"la plenitud de su santidad",* es un misterio que cambió la historia de mundo. Madre de nuestro Salvador y madre espiritual de la humanidad.

"Oh Inmaculada, reina del cielo y de la tierra, refugio de los pecadores y Madre nuestra amorosísima, a quien Dios confió la economía de la misericordia. Yo, pecador indigno, me postro ante ti, suplicando que aceptes todo mi ser como cosa y posesión tuya.

A ti, Oh Madre, ofrezco todas las dificultades de mi alma y mi cuerpo, toda la vida, muerte y eternidad. Dispón también, si lo deseas, de todo mi ser, sin ninguna reserva, para cumplir lo que de ti ha sido dicho: "Ella te aplastará la cabeza" (Gen 3:15). Y también: "Tú has derrotado todas las herejías en el mundo".

Haz que en tus manos purísimas y misericordiosas me convierta en instrumento útil para introducir y aumentar tu gloria en tantas almas tibias e indiferentes, y de este modo, aumento en cuanto sea posible el bienaventurado Reino del Sagrado Corazón de Jesús.

Donde tú entras oh Inmaculada, obtienes la gracia de la conversión y la santificación, ya que toda gracia que fluye del Corazón de Jesús para nosotros, nos llega a través de tus manos.

Ayúdame a alabarte, oh Virgen Santa, y dame fuerza contra tus enemigos. Amén".

*Oh María **sin pecado concebida**,
ruega por nosotros que recurrimos a ti.*

ORACIONES DE FÁTIMA

En Fátima, el Ángel de la Paz enseño a los niños pastores, Lucía, Francisco y Jacinta, estas Poderosas oraciones. Cópialas en alguna libreta, llévalas contigo. Apréndetelas. Y rézalas cada vez que puedas. El mundo necesita con Urgencia tus oraciones.

"¡Dios mío, yo creo, adoro, espero y te amo! ¡Te pido perdón por los que no creen, no adoran, no esperan, no te aman!"

* * *

"Santísima Trinidad, Padre, Hijo y Espíritu Santo, yo te adoro profundamente y te ofrezco el Preciosísimo Cuerpo, Sangre, Alma y Divinidad de nuestro Señor Jesucristo, presente en todos los Sagrarios del mundo, en reparación de los ultrajes con los que Él es ofendido. Por los méritos infinitos del Sagrado Corazón de Jesús y del Inmaculado Corazón de María, te pido la conversión de los pecadores".

* * *

Tiempo después, nuestra Señora de Fátima después de mostrarle a los niños la visión aterradora del infierno a donde van a parar las almas de los pobres pecadores, para que nadie pueda decir "No sabía que existía", les enseñó una bellísima oración a los tres pastorcillos.

Fue el 13 de junio de 1917. Debemos orar con ella cuando queramos ofrecer algún sacrificio a Dios.

"Oh Jesús mío, es por tu amor, en reparación de las ofensas cometidas contra el Inmaculado Corazón de María y por la conversión de los pecadores (que yo hago esto)".

~~~

"Está escrito: No sólo de pan vive el hombre, sino de toda palabra que sale de la boca de Dios."

(Mateo 4, 4)

CAPÍTULO CINCO

LA BIBLIA

EL DEMONIO ODIA LA BIBLIA

"Las más grandes batallas llegan después que el Demonio, por todos los medios, ha tratado de debilitarte para que pierdas".

Nos encontramos ante un espíritu muy poderoso, astuto, maestro del engaño, sutil para tentar, mentiroso, experto en estrategias y artes ocultas que utiliza con un solo fin y no hay otro: "Hacer daño al hombre".

Quiere desviarte de la santidad, que no puedas vivir en la presencia de Dios. Que desprecies la fe, la santa religión y dejes olvidada tu Biblia. Y esto lo hace en las sombras, oculto a la vista.

Vive pendiente de nosotros, que no recibamos la gracia y la Palabra de Dios que tanto necesitamos para llevar una vida de santidad.

"El sembrador siembra la Palabra. Los que están a lo largo del camino donde se siembra la Palabra son aquellos que, en cuanto la oyen, **viene Satanás y se lleva la Palabra sembrada en ellos.**" (Marcos 4)

¿Sabes por qué el demonio no desea que leas la Biblia? Son varios motivos, el más importante es que al leerla, descubres a Dios, tienes un encuentro personal con el Padre. Pero hay más, y esto al demonio le irrita mucho, no lo soporta. Y es que en las Escrituras lo desnudan como realmente es: *"asesino de hombres, padre de la mentira"*. Nos describe su caída, su odio por la humanidad, su presencia dañina en el mundo y lo más sorprendente, te enseña cómo puedes defenderte de él y sus incidías. Te muestran el PODER de la ORACIÓN. El maligno hará lo indecible que nunca descubras estas cosas. Su eficacia reside en nuestra poca fe, la débil oración, en nuestra carencia de la Palabra de Dios y en que lleguemos a pensar que su existencia es un relato infantil, una fábula, una historia urbana que no es real.

¿Qué nos enseñan nuestra Iglesia y la sagrada Biblia sobre sus ataques infames? Primero que puede ser vencido. Segundo nos enseña cómo lograrlo. Y tercero, nos recomienda alejarnos de él, no abrir ventanas a su mundo con malas prácticas, por donde pueda entrar; mantenerlo a distancia y vivir con Dios en medio, bajo el manto y protección de la Santísima y *"siempre Virgen María"*, la madre de nuestro Salvador. Yo suelo encomendarme a ella con esta bella oración:

"Dulce Corazón de María, sed la salvación del alma mía".

BIBLIAS OLVIDADAS

De pronto he pensado en las miles de Biblias que reposan olvidadas sobre un pequeño atril, en hogares católicos, sin ser jamás abiertas o leídas. Nosotros con hambre y sed de Dios y allí tenemos un maravilloso oasis para reposar en medio de tanta adversidad.

Pasamos a su lado todos los días y no mostramos interés en leerla. **Escucha con atención pues podría salvarte algún día.** "Esas Biblias no están de adorno, te invitan, te llaman, esperan ser leídas para que descubramos la Palabra de Dios, un padre amoroso que quiere hablarnos, mostrarnos el camino de la salvación, la confianza y la felicidad, pero no lo escuchamos".

Un amigo me envió en estos días un meme católico que me encantó. Es un poco extremo, pero ilustra lo que se vive en muchos hogares católicos. "El sacerdote cenó en la casa de una pareja de la iglesia. Al irse, la señora se dio cuenta que una cuchara le faltaba y comentándoselo a su esposo se enfadó. Duranta un año estuvo molesta la señora y decide invitar nuevamente al sacerdote a cenar. Ya sentados en la mesa para comer no pudo aguantar más y le pregunta al sacerdote: "¿Usted se robó la cuchara el año pasado?" El sacerdote la mira compasivo y le responde: "No, la puse dentro de su Biblia".

Abre tu Biblia amable lector y empieza a leerla. Seré lo mejor que puedas hacer este año por ti y tu familia.

Me gusta repetir algunas historias en mis libros porque son edificantes. Ésta es una de ellas. Tenía un compañero en el colegio del que no supe nada por años. Se graduó de la Universidad, formó una familia e inesperadamente enfermó. Era una terrible y dolorosa enfermedad que lo estaba consumiendo con rapidez. Cuando me enteré conversé con su esposa y le pregunté si podía ir a verlo al hospital. Quería animarlo, llevarle unas palabras de aliento, que supiera que lo teníamos presente en nuestras pobres oraciones. No deseaba que lo vieran en estas tristes condiciones. Decidí entonces escribirle y empezamos un intercambio de correspondencia. Le contaba anécdotas de los años en el colegio, compartía chistes sanos para hacerlo reír, y le hablaba de eventos cotidianos.

Un día se me ocurrió sugerirle que leyera la Biblia porque nos enseña, nos muestra la voluntad de Dios y nos llena de paz y esperanza. Le pregunté si deseaba una Biblia para enviársela. Su respuesta me impactó. Guardo esa carta como un tesoro. En ella me decía: "Estimado Claudio, gracias por tus palabras de ánimo que caen muy bien en estos tiempos de dolor. Leo la Biblia. Curiosamente es la que me regalaron cuando me gradué del colegio y guardé por años en un cajón en mi casa, sin abrir.

Esa Biblia cerrada tantos años, es ahora la que me consuela y me ayuda a soportar y ofrecer este cruel sufrimiento".

Desde ese día a todo el que puedo le recomiendo: "Toma tu Biblia, esa que tienes olvidada en casa, ábrela, lee y descubre la Palabra de Dios, sus promesas para ti y tu familia, lo que espera de nosotros, su amor eterno e incondicional".

Debo reconocer que siendo católico leía muy poco la Biblia. Una prima que es Evangélica me tomó del hombro en una reunión familiar y me dijo: "Debes leer más la Biblia, Claudio. Eres un escritor católico. Dales más peso y valor a tus libros con la Palabra de Dios". Ella tenía toda la razón. Hoy en día, si tomas mi Biblia la vas a encontrar subrayada en diferentes pasajes, con versículos encuadrados con un marcador negro.

He descubierto en mi Biblia un TESORO. Los primeros relatos de detectives analíticos están allí, incluso algunas técnicas que usa la policía, empezaron en historias bíblicas. El amor de Dios está en cada palabra. Y si te preguntas qué puedes hacer con tu vida, que propósito tiene Dios para ti, abre la Biblia y lee, lo encontrarás.

Lo que más me sorprende son las promesas que allí encuentras. Una vez leí que hay más de 3,500 promesas esperando ser leídas. Y todas se cumplen. Lo sé bien.

Las he probado. Sé que tal vez no ha sido lo más correcto, que debía confiar en la Palabra de Dios, pero no lo hice por desconfianza sino por curiosidad. No puedo evitarlo, tengo un espíritu inquieto, investigativo, me encanta descubrir, probar, investigar, encontrar. Tomé algunas promesas, las anoté y las probé. TODAS SE CUMPLIERON, AL PIE DE LA LETRA, sobre todo aquella que nos dice: "Pedid y se os dará; buscad y hallaréis; llamad y se os abrirá. Porque todo el que pide recibe; el que busca, halla; y al que llama, se le abrirá. ¿O hay acaso alguno entre vosotros que al hijo que le pide pan le dé una piedra; o si le pide un pez, le dé una culebra? Si, pues, vosotros, siendo malos, sabéis dar cosas buenas a vuestros hijos, ¡cuánto más vuestro Padre que está en los cielos dará cosas buenas a los que se las pidan!" (Mateo 7)

"¿Las personas sabrás esto?" me decía al ver los resultados de las promesas cumplidas. "Porque si las personas supieran que Dios tiene promesas para nuestro bienestar y que todas se cumplen, sus vidas serían diferentes. Vivirían felices, con la certeza de saberse hijos e hijas amados de un Dios para quien NADA ES IMPOSIBLE".

Tengo cientos de vivencias y testimonios. Con ellos escribo mis libros. Milagros cotidianos que me ocurren por la bondad y misericordia de Dios, que se complace en conceder a sus hijos las gracias que necesitan para seguir adelante en la vida y poder escalar su montaña de santidad. Creo que por eso el demonio hace lo imposible para que pasemos al lado de una Biblia sin dirigirle una mirada ni experimentar el deseo de abrir sus páginas y leer.

Después de siglos de estar estudiando el comportamiento de la humanidad, viendo la misericordia de Dios con las personas, el demonio sabe que la lectura de la Biblia cambia a las personas, les hace reconocer al padre Celestial, su presencia y paternidad, y los ayuda a vivir en paz, siendo mejores personas, confiando en la Divina Providencia, alejados del pecado.

A veces pienso que el demonio nos hace olvidar que tenemos en nuestras casas una Biblia. ¿Sabías que es el libro más publicado y traducido del mundo? Encuentras en ella muchos beneficios para tu vida personal y espiritual. Es un alimento crucial para el alma. En Mateo 4, Jesús respondió al demonio, en una de sus tentaciones: **"No sólo de pan vivirá el hombre, sino de toda palabra que sale de la boca de Dios"**.

El alimento físico fortalece tu cuerpo, te evita el cansancio, te ayuda a realizar las actividades y desafíos de la vida cotidiana. El alimento espiritual, la Palabra de Dios, fortalece tu alma y la ayuda a crecer espiritualmente y fortalecerse. Un alma débil, desnutrida, sin los sacramentos, la oración ni la lectura diaria de la Palabra de Dios, es muy susceptible a caer en el pecado mortal. Es presa fácil del demonio. No tiene fuerzas para defenderse.

Recuerdo una película de la vida real. Un anciano y una bella mujer se pierden en un bosque helado. Las fuertes nevadas hicieron que se perdieran. Tenían algo de alimento y una vieja Biblia. El anciano le dijo: "Confiemos en Dios para salir vivos de este lugar". Y empezó a leerle la Biblia, desde la primera palabra.

Cada tarde antes del anochecer leía para ella varios versículos. El día que leyó la última palabra y cerró la Biblia, en ese instante escucharon las aspas de un helicóptero que llegaba a rescatarlos. Cuando subieron la mujer al helicóptero le preguntaron si el anciano quiso aprovecharse de ella. Y respondió: "Al contario, me salvó de muchas formas. Me leyó la Biblia y pude conocer a Dios". No imaginas cuántas personas han cambiado sus vidas por la lectura de algún versículo de la Biblia. El ejemplo más extraordinario es el de san Agustín. Pedía a Dios que le ayudara y una tarde ocurrió algo que lo cambió todo. En sus Confesiones, se lee: "Decía estas cosas y lloraba con muy dolorosa contrición de mi corazón.

Pero he aquí que oigo de la casa vecina una voz, como de niño o niña, que decía cantando y repetía muchas veces: **"Toma y lee, toma y lee"**.

De repente, cambiando de semblante, me puse con toda la atención a considerar si por ventura había alguna especie de juego en que los niños acostumbrasen a cantar algo parecido, pero no recordaba haber oído jamás cosa semejante; y así, reprimiendo el ímpetu de las lágrimas, me levanté, interpretando esto como una orden divina de que abriese el códice y leyese el primer capítulo donde topase.

Así que, apresurado, volví al lugar donde yo había dejado el códice del Apóstol al levantarme de allí. Lo tomé, lo abrí y leí en silencio el primer capítulo que se me vino a los ojos, que decía: *"No en comilonas y embriagueces, no en lechos y en liviandades, no en contiendas y emulaciones sino revestíos de nuestro Señor Jesucristo y no cuidéis de la carne con demasiados deseos".*

No quise leer más, ni era necesario tampoco, pues al punto que di fin a la sentencia, como si se hubiera infiltrado en mi corazón una luz de seguridad, se disiparon todas las tinieblas de mis dudas."

Amable lector, no ignores más la Biblia que tienes en tu casa. Descubre las promesas del Padre celestial y los grandes tesoros que contiene y guarda para ti. Es la Palabra de Dios escrita para la humanidad. **"Toma y lee"**.

"Enséñame, Señor, tus caminos."
(Salmo 27)

"y no nos dejes caer en la tentación, sino líbranos del Maligno."

(San Mateo, 6, 13)

CAPÍTULO SEIS

EL PARAÍSO

NUESTRA META ES EL CIELO

Quien quiera aferrarse a las pertenencias de este mundo se equivoca, estamos hechos para la eternidad. El cielo es nuestra meta.

Tengo un carnet en mi billetera de bolsillo que dice: "Ciudadano del cielo. En caso de accidente, llame a un sacerdote". Hacia allá debemos poner nuestras aspiraciones.

Hay una canción que cantaba de niño. No sé si la recuerdas. Es bellísima:

> Nos hallamos aquí en este mundo,
> este mundo que tu amor nos dio;
> **mas la meta no está en esta tierra,**
> **es un cielo que está más allá.**
>
> Somos los peregrinos,
> que vamos hacia el cielo,
> la fe nos Ilumina,

nuestro destino no se halla aquí.
**La meta está en lo eterno,
nuestra patria es el Cielo**,
la esperanza nos guía,
y el amor nos hará llegar.

Es muy cierta la última estrofa "el amor nos hará llegar". Las Escrituras nos dicen: "…amémonos unos a otros, porque **el amor viene de Dios.** Todo el que ama ha nacido de Dios y conoce a Dios." (1 Juan 4)

He pensado en esta bella canción al recordar dos historias que te voy a compartir sobre mi tío Raúl, en Costa Rica. Era un hombre bueno que siempre hizo lo mejor que pudo por sacar adelante a su familia y se esforzó en ayudar al prójimo. Mi mamá es tica (de Costa Rica) y cada año viajábamos para visitar a la familia. En uno de esos viajes fuimos a su casa a tomar el café de la tarde, una hermosa costumbre tica, en la que las familias se reúnen y comparten experiencias amenas del día.

"He pasado por algo muy fuerte", nos dijo. "Hace un mes, el radio despertador que tengo sobre la mesita de noche, al lado de la cama, empezó a encenderse a las tres de la mañana y me despertaba. Me cuidaba mucho de apagarlo y verificar antes de acostarme a dormir, pero siempre, a esa hora de la madrugada, se encendía a todo volumen.

Me dejaba agitado por el susto. Una noche no pude más y grité: "Pero yo, ¿qué le hecho?" Una voz temblorosa de mujer respondió en medio de aquella oscuridad: "Usted nada, pero soy tan desdichada". Mi tío Raúl pensó que era un alma bendita del Purgatorio que anhelaba el cielo y no podía llegar purificada porque nadie rezaba por ella. Entonces tomó acciones. Ofreció varias Eucaristías por el alma de esa mujer. Y nunca más fue perturbado en su sueño.

¿Has pensado alguna vez cuántas almas del Purgatorio no pueden acceder al Paraíso y dependen de tus oraciones y ofrecimientos? Lo hago a menudo y procuro ofrecer a Dios mis oraciones por esas almas necesitadas. Sé que son muy agradecidas y pueden ayudarte mucho. ¿Tendrías con ellas un acto de misericordia? Basta orar o ganar una Indulgencia Plenaria, nada más fácil (Rezar el Rosario en familia o delante del Santísimo, leer durante media hora la Sagrada Escritura, ofrecer la visita al Santísimo, rezar el Vía Crucis), y ofrecerla por la que esté más necesitada de la misericordia Divina. ¿Te animas? Yo me apunto.

El segundo relato es bellísimo. Ocurrió cuando mi tío Raúl se preparaba para partir de este mundo. Enfermó de gravedad y tuvo que ser hospitalizado. Por momentos perdía la conciencia y se temía que en uno de esos momentos podría morir.

Una tarde lo acompañaron su esposa, sus hijos y nietos. Y perdió el conocimiento. Cuando regresó les pidió acercarse, se colocaron alrededor de su cama de enfermo y les dijo: "Hace unos momentos tuve una vivencia que me ha marcado. Sentí que salía de mi cuerpo. Me elevaba sobre esta habitación. Y pude ver con claridad. Para que me crean… (les contó lo que cada uno hacía mientras estuvo inconsciente, incluso lo que hizo un sobrino afuera del cuarto).

Subía por un túnel hacia un lugar hermoso, lleno de luz, paz y felicidad. Lo único que me inquietó mientras subía hacia aquella luz era que no sentía la más mínima tristeza por dejarlos a ustedes. Yo quería ir a ese lugar de felicidad. Algo me obligó a volver, seguro para que pudiera contarles lo que vi. **Quiero que todos sepan que me quiero ir. Deseo volver donde estaba. Por eso, cuando me vaya, no quiero que ninguno de ustedes llore por mí".** Esa misma noche murió. En su entierro nadie lloró, estaban seguros que había partido hacia el Paraíso donde Dios con su amor incondicional lo estaba esperando.

Siempre recuerdo a esta dulce monjita que pasaba sus noches cuidando enfermos en sus casas. Me la presentaron y se me ocurrió preguntarle si alguna vez había visto morir a uno de sus pacientes.

Asintió. Entonces le pregunté si alguno se había marchado con la conciencia tranquilo, sereno, con la certeza de un cielo prometido.

—Lo recuerdo bien — me dijo—. Qué maravilloso es morir en gracia de Dios. Era un anciano que estaba muy enfermo, pero nunca perdía el buen ánimo. Confiaba que Dios tendría misericordia de él. Una noche le pregunté si quería cenar, pues no había probado bocado en el todo día y me respondió: "Hermanita, no hemos rezado. ¿Podemos rezar antes?" Le sonreí y respondí: "Por supuesto". Y empezamos a rezar: "Padre Nuestro…" en ese momento exhaló suavemente su último aliento e inclinó la cabeza sobre la almohada con una paz y una serenidad extraordinaria.

—Por otro lado —le pregunté —, ¿ha visto alguna persona morir en pecado mortal?

—Oh sí. Y fue espantoso. Nunca antes había visto algo tan aterrador y escalofriante. Este señor vivía odiando a todos sus familiares. Estaba lleno de odio y deseos de venganza. Estaba segura de que necesitaba confesarse en vista de la proximidad de su muerte y se lo sugerí en varias ocasiones. "Déjeme llamarle un sacerdote", le decía. Y gritaba "¡jamás!" Tenía compasión de su alma y me preocupaba su destino final.

Toda alma debe ser salvada y debemos luchar por ellas hasta el último momento. Sabía que el fin era inminente y volví a insistir. "A usted le haría mucho bien dejar a un lado esos odios, recuperar la gracia en su alma y morir en paz". Se negó rotundamente. De pronto empezaron los estertores. Gritaba como un poseído. Era aterrador. Hice lo único que podía en ese momento: recé y pedí a Dios misericordia por su alma. Se retorció en la cama maldiciendo. Vi una sombra oscura que lo atravesó violentamente por el pecho, quedó marcada en la pared. Y cayó muerto.

Este testimonio me dejó inquieto. Pensé mucho en el estado de mi alma. Hazlo también. Si hoy pudieras ver tu alma ¿qué encontrarías? Procúrate una maravillosa eternidad al lado de Dios. Sé santo, a eso fuiste llamado. ¿Quieres ser santo y no sabes cómo? No es tan difícil. Vive el Evangelio, reza y ama. Dios no te pidió hacer algo difícil como escalar una montaña, ser un ejecutivo exitoso, tener muchos bienes materiales o vivir con lujos, te pide las acciones propias de sus hijos, perdonar, ser misericordioso, vivir en gracia y amar. Si amas, tienes la mitad del camino recorrido.

Nunca olvides estas palabras de san Juan de la Cruz: "En el atardecer de la vida, *seremos juzgados en el amor.*"

DE GUERRA CONTRA EL DEMONIO

Me parece que en mi libro "El Mundo Invisible", te mencioné este evento curioso de mi vida. Cuando era un niño escuchaba en las clases de religión historias fascinantes sobre la vida de los santos y las maldades y asechanzas con que el demonio los atacaba. Sabía que era un ángel caído. La soberbia y el orgullo lo hundió y se volvió muy malo. Con su astucia engañaba y seducía a las personas, las hacía pecar, los distanciaba de Dios y se llevaba sus almas inmortales al infierno.

Ocurrió cuando era un niño, pero todavía recuerdo a la hermana franciscana, Sister Ávila, entrar al salón de clases con el rostro desencajado. Algo había ocurrido, nunca supimos qué fue. Se paró frente a las bancas donde estábamos los niños y nos dijo con seriedad: "Ustedes pronto harán su Primera Comunión. Ofrezcan a Dios un corazón puro, sin pecado. Nunca lo ofendan. Huyan del mal. Si alguna vez alguien les insinúa hacer algo contrario a los mandamientos de Dios, no obedezcan, no importa quién se los pida. Dios tiene sus complacencias en ustedes". En esos días era un gran lector. Me encantaban las aventuras escritas por Alexandre Dumas. Soñaba por las noches con enfrentar al demonio en un duelo, al estilo de Athos, Porthos, Aramis y D'Artagnan *en la trilogía de los Tres Mosqueteros*.

Por supuesto yo ganaba y libraba al mundo de su maldad. La mente infantil no tiene límites.

De grande he seguido con este pensamiento, con el deseo de ayudar a otros a salvar sus almas y salvar la mía. Debemos ser evangelizadores, llevar el Reino de Dios a cuantos podamos. Luchar como puedas contra el demonio. Por eso escribo tantos libros. Suelo decir: "Un libro, un alma". Con un alma que pueda ayudar a recobrar su camino al Paraíso me sentiré más que feliz. Y para lograrlo debemos reconocer al innombrable y distanciarnos de él y sus viles tentaciones.

Hay que exponer al demonio como es, lograr que todos sepan que existe, no permitir que siga haciendo daño a las almas. Soy un simple humano con una vida temporal, y no podría enfrentarlo sin graves consecuencias. Él es un espíritu muy inteligente, sin las limitaciones del tiempo. Pero sí puedo alertar a otros y descubrir en mis libros sus propósitos oscuros. Además, y esto es lo mejor de todo, encontré una espada más filosa que la que anhelaba usar de niño contra del demonio. Procuro usarla cada vez que puedo en mis escritos. Es la Palabra de Dios.

"Ciertamente, es viva la Palabra de Dios y eficaz, y **más cortante que espada alguna de dos filos.** Penetra hasta las fronteras entre el alma y el espíritu, hasta las junturas y médulas; y escruta los sentimientos y pensamientos del corazón. No hay para ella criatura invisible: todo está desnudo y patente a los ojos de Aquel a quien hemos de dar cuenta." (Hebreos 4)

Baso mis libros en la Palabra de Dios que escudriño en la santa Biblia, también en las enseñanzas y documentos de la Iglesia y en las maravillosas vivencias que he tenido a lo largo del tiempo en mi búsqueda de Dios, escalando su montaña; y los testimonios que muchos me comparten para que los incluya en los libros.

La Biblia es un camino seguro y me ha ayudado muchísimo. En ella encuentro mis delicias, mi consuelo y una gran fortaleza para no rendirme. Me instruye, orienta y enseña. Nos muestra los caminos de Dios y te da las **armas espirituales** que necesitas en esta batalla contra el demonio y los espíritus del mal. "Porque **nuestra lucha no es contra la carne y la sangre**, sino contra los Principados, contra las Potestades, contra los Dominadores de este mundo tenebroso, **contra los Espíritus del Mal** que están en las alturas." (Efesios 6).

Lo he visto y he conocido su odio aberrante. Lo he sentido, sabiendo que es él, que llega y amenaza. No tiene escrúpulos, se alegra en nuestras desgracias, goza con nuestro dolor y con la pérdida de cada alma que cae en las profundidades del infierno.

No somos capaces de entender tanta maldad, es algo que excede nuestra naturaleza comprensión humana. Pero no hay que tenerle miedo. Su fuerza tiene límites, hay una frontera que no puede cruzar y podemos vencerlo. Somos los Hijos del Dios Altísimo, príncipes, herederos del Reino. "Escuchad, hermanos míos queridos: ¿Acaso no ha escogido Dios a los pobres según el mundo como ricos en la fe y **herederos del Reino** que prometió a los que le aman?" (Santiago 2, 5)

Debes estar alerta y reconocer sus ataques. Cuando el diablo ataca siembra en ti la desesperanza. Pierdes la alegría de vivir, la ilusión por las cosas pequeñas, lo hermosa que es la vida cotidiana. Cuando el diablo ataca, te llenas de inquietudes y angustias, de un odio profundo, un deseo irracional de hacer daño. Te hace olvidar que él existe y que eres un hijo del Dios vivo. Te hace perder la vergüenza, vives el momento en una euforia de la que te arrepentirás el resto de tu vida.

El diablo con sus insidias marchita tu alma como una flor hermosa que se va secando y es pisoteada por los que pasan. **Un hijo de Dios debe saber cómo reconocer los ataques sutiles del demonio y defenderse sin miedo de ellos.** Dios está con nosotros y no hay motivos para temerle. Llevo en mi cuello una medalla sacramental de san Benito, tiene inscritas estas palabras:

Crux Sacra Sit Mihi Lux
Mi luz sea la cruz santa,

Non Draco Sit Mihi Dux
No sea el demonio mi guía

**Vade Retro Satana
¡Apártate, Satanás!**

Numquam Suade Mihi Vana
No sugieras cosas vanas

Sunt Mala Quae Libas
Pues maldad es lo que brindas

Ipse Venena Bibas
Bebe tú mismo el veneno.

"… todos los que quieran vivir piadosamente en Cristo Jesús, **sufrirán persecuciones."**

II Timoteo 3, 12

UNA ORACIÓN DE LIBERACIÓN

—Claudio, tengo un serio problema, tal vez me puedas ayudar.

Su voz inquieta me hizo pensar que algo grave ocurría.

—De un tiempo hacia acá, las cosas van mal. Los negocios se empezaron a caer uno tras otro, en cadena. Todo lo que intentaba, de pronto fracasaba. No era lógico que tantas cosas malas me pasaran juntas. Esto no era casualidad. Para rematar, se metieron los ladrones en mi bodega y me robaron todas mis herramientas de trabajo. Como si esto fuera poco, llego a la casa y los objetos empiezan a moverse solos, las puertas, las gavetas, los vasos. Por la noche es peor. Y como estos han ocurrido otros acontecimientos raros que salen de la normalidad y que es mejor no contar. Nadie me creería.

Debo reconocer que no le creí. Habiendo vivido eventos extraños, como el rollo de cinta adhesiva que se elevó sola delante de mí, empujada por una fuerza invisible, para estrellarse contra la pared de cuarto, seguro no sería escéptico, pero me costaba creerle. Cuesta aceptar que hay un mundo invisible y espiritual, que interactúa con el nuestro. Es curioso porque las Escrituras nos hablan de aquellas cosas que no podemos ver y que existen: "a cuantos no ponemos nuestros ojos en las cosas visibles, sino en las invisibles; pues las cosas visibles son pasajeras, mas las invisibles son eternas." (2 Corintios 4)

—No es nada serio —le aseguré—, reza, confía en Dios. ya pasará.

Pero empeoró. Y una noche me envió un video.

—Sé que cuesta creer que estas cosas ocurran en nuestro siglo, pero me está pasando. Todo me va mal. La verdad, ni yo lo creería, por eso te mando este video que acabo de grabar.

El video me dejo helado.

—¿Conoces algún sacerdote que me pueda ayudar?

El primer nombre que vino a mi mente fue el del padre Teófilo Rodríguez. Es un sacerdote predicador y fundador y de la Fraternidad de la Divina Misericordia de los Sagrados Corazones de Jesús y María, una sociedad de vida apostólica.

Le escribí relatándole en detalle lo que le ocurría a mi amigo. Le pregunté qué podía hacer. A la vuelta me envió esta oración, para ser rezada con fe en situaciones parecidas.

ORACIÓN DE LIBERACIÓN Y EXPULSIÓN DE LAS OBRAS DEL MALIGNO

Nota: Se puede realizar de forma personal, familiar o comunitaria

1. Señal de la Cruz: En el nombre del Padre, del Hijo y del Espíritu Santo.

2. Acto de Contrición: Jesús, mi Señor y Redentor, yo me arrepiento de todos los pecados que he cometido hasta hoy, y me pesa de todo corazón, porque con ellos ofendí a un Dios tan bueno.

Propongo firmemente no volver a pecar y confío que por tu infinita misericordia me has de conceder el perdón de mis culpas y me has de llevar a la vida eterna. Amén

3. Oración de invocación al Espíritu Santo (repetir 3 veces): Ven mi Dios Espíritu Santo a través de la poderosa intercesión del Corazón Doloroso e Inmaculado de María, tu amadísima Esposa.

4. Credo de los Apóstoles

5. Lectura de la Palabra de Dios: "Pero Jesús dijo claramente: «El que cree en mí no cree solamente en mí, sino en aquel que me ha enviado. Y el que me ve a mí ve a aquel que me ha enviado. Yo he venido al mundo como luz, para que todo el que crea en mí no permanezca en tinieblas»" (Jn 12, 44-45). V./ Palabra de Dios R./ Te alabamos Señor

O también pueden leer: "Hijitos míos, no se dejen extraviar: el que actúa con toda rectitud es justo como Él es justo. En cambio, quienes pecan son del Diablo, pues el Diablo peca desde el principio. Para esto se ha manifestado el Hijo de Dios: para deshacer las obras del Diablo" (1Jn 3, 7-9). V./ Palabra de Dios R./ Te alabamos Señor

6. Breve silencio y meditación.

7. Invocación: Dios Padre, Tierno y Misericordioso, Yo_____, me presento delante de Ti como el miserable pecador que soy y consiente de que con mis pecados he dado lugar a las obras del Maligno.

También comprendo que, a tu Hijo Jesucristo, quien no cometió ningún pecado, lo hiciste pecado por mí, para librarme de las asechanzas del demonio, de sus vejaciones, opresiones, infestaciones, maldiciones, obsesiones, depresiones, angustias, miedos y de padecimiento físico y espiritual.

En el nombre de Jesucristo, tu Hijo, mi Señor, mi Salvador y mi Dios, renuncio libre y voluntariamente a todas y cada una de estas acciones malignas.

Me cubro con la Preciosa Sangre del Cordero inmolado por mí en la Cruz, cuyo sacrificio se hace perpetuo en cada celebración de la Eucaristía en todos los altares del mundo.

Envía sobre mí y sobre lo que padezco hasta hoy, la dulce unción de tu Espíritu Santo: sanando, liberando, restaurando, transformando, destruyendo, renovando y colmando mi vida de una nueva y poderosa Gracia Santificante.

Ahora más que nunca rindo mi vida a tus Divinas inspiraciones en obediencia a la palabra de Jesucristo, la luz de mi vida. Por tu Gracia, Divino Espíritu, conviérteme en verdadero templo de Dios, Uno y Trino.

Invoco la protección e intercesión de la Santísima Virgen María, a quien reconozco como Madre, abogada, medianera de todas las gracias y corredentora de mi alma.

Confío mi vida, lo que soy y lo que tengo, a su Doloroso e Inmaculado Corazón. Y para que se realice el triunfo de los Dos Corazones de Jesús y María, invoco sobre mí, sobre mi familia y sobre todos los pecadores atados por el Demonio, la intercesión de todos los coros angélicos y de los santos exorcistas:

San Miguel Arcángel.
Ruega por mí y por todos los pecadores.

San Gabriel Arcángel.
Ruega por mí y por todos los pecadores.

San Rafael Arcángel.
Ruega por mí y por todos los pecadores.

Santos Ángeles custodios.
Rueguen por mí y por todos los pecadores.

Santos Pedro y Pablo.
Rueguen por mí y por todos los pecadores.

Santos Apóstoles de Cristo.
Rueguen por mí y por todos los pecadores.

Santos Padres de la Iglesia.
Rueguen por mí y por todos los pecadores.

San Antonio Abad.
Ruega por mí y por todos los pecadores.

San Benito de Nursia.
Ruega por mí y por todos los pecadores.

Santos Domingo y Francisco.
Rueguen por mí y por todos los pecadores.

San Ignacio de Loyola.
Ruega por mí y por todos los pecadores.

San Luis Grignion de Montfort.
Ruega por mí y por todos los pecadores.

San Juan María Vianney.
Ruega por mí y por todos los pecadores.

San Pío de Pietrelcina.
Ruega por mí y por todos los pecadores.

San Juan Pablo II.
Ruega por mí y por todos los pecadores.

Todas las Santas Vírgenes y Santas Mujeres de nuestra Iglesia.
Rueguen por mí y por todos los pecadores.

Con este acto de fe, queda cancelada, desatada y enviada al infierno, toda acción maléfica que se haya realizado en mí, contra mis bienes materiales y espirituales, y contra mis seres queridos.

¿Quién cómo Dios? ¡Nadie como Dios!

Consagración a los Sagrados Corazones Unidos de Jesús y de María

Sacratísimos Corazones de Jesús y María, los amo y reparo, consuelo y alivio sus Corazones Dolorosos, que sufren místicamente por la maldad del mundo, que aún los tiene en un eterno Calvario, e ininterrumpidamente los encamina al sufrimiento del Gólgota. He aquí a Su hijo(a), quiero ser su siervo(a); alejen de mí a Satanás, porque hoy, en nombre de Ustedes, renuncio a él; destierren de mí toda falta de amor a Dios y al prójimo; háganme Su siervo(a) y templo viviente. Los quiero con toda mi alma y solo les pido: ayúdenme a buscar el Reino del Eterno Padre y Su Divina Justicia, y todo se me dará por añadidura. Soy todo(a) Suyo(a) desde ahora hasta la Eternidad. Amén.

¡Oh Jesús! ¡Oh María!, salven mi alma y aumenten mi amor por Sus Corazones Unidos. Sagrado Corazón de Jesús, venga tu Reino Eucarístico a través del Triunfo del Doloroso e Inmaculado Corazón de María, Nuestra Madre en la Divina Voluntad, y el Triunfo de la Cruz en el Espíritu Santo, extendiendo la Llama de Amor Santo y Divino en todos los corazones. Amén.

Conclusión: Se reza un Padre Nuestro, tres Ave Marías y un Gloria.

~~

"Feliz el hombre que soporta pacientemente la prueba, porque, después de probado, recibirá la corona de vida que el Señor prometió a los que lo aman."

(Santiago, 1, 12)

CAPÍTULO SIETE

TU SALVACIÓN

"Oh Dios, crea en mí un corazón puro..."
(Salmo 51)

DESNUTRIDOS DEL ALMA

"Ten piedad de mí, oh Dios, en tu bondad, por tu gran corazón, borra mi falta. Que mi alma quede limpia de malicia. Purifícame de mi pecado".
(Salmo 51, 3-4)

Es un hecho. Estamos desnutridos espiritualmente. Leemos y oramos poco. Países tradicionalmente católicos, han dejado de serlo. Reina el relativismo moral. Nada es pecado. Todo es permitido. La fe es vista con desagrado. Es un caldo perfecto para que el demonio actúe sin ningún obstáculo.

Ves imágenes y videos de mujeres pidiendo el libre aborto y pateando mientras cantan felices, muñecos ensangrentados que representan el niño no nacido. No saben que hay personas rezando por ellos, dando la batalla.

Desde niño me han gustado las historias de detectives analíticos como Hércules Poirot, Sherlock Holmes,

Auguste Dupin y muchos otros que me ayudaron a pasar ratos felices de lectura, imaginando que podría ser uno de ellos y poner al descubierto a los grandes criminales de la historia. No necesitas ser uno de ellos o usar tu inteligencia analítica para deducir fácilmente quién está detrás de todo esto. Aunque se dedique siglos en hacer invisibles sus huellas, las pistas que aparecen esparcidas en el mundo, incluso en las portadas de los diarios, donde son más que evidentes.

Las estadísticas indican que en el mundo se han producido más de 25 millones de abortos al año. ¿Sabes a quién señala Jesús como asesino desde el principio? Ocurre cuando le recrimina a unas personas que no le creen por decirles la verdad. "Vosotros sois de vuestro padre **el diablo** y **queréis cumplir los deseos de vuestro padre**. **Este era homicida desde el principio**, y no se mantuvo en la verdad, porque no hay verdad en él; cuando dice la mentira, dice lo que le sale de dentro, porque es mentiroso y padre de la mentira." (Juan 8, 44)

El Papa Francisco nos da pistas adicionales que podemos seguir. "Esto es lo que sucede en el mundo… Es por la semilla de la envidia del diablo, del odio. ¿Y de qué tiene envidia el diablo?" – preguntó el Papa –. "De naturaleza humana"– respondió – *"¿Y ustedes saben por qué? Porque el Hijo de Dios se hizo uno de nosotros. Esto no puede tolerarlo, no logra tolerarlo."*

Pues bien, aquí tenemos frente a nosotros al mayor de todos, al más grande criminal y asesino que haya existido jamás y muchos aun, incluso dentro de la Iglesia católica, no son capaces de verlo y aceptar su existencia. Es impresionante. Destruye vidas, almas, sueños, futuros maravillosos y no lo descubres. Si esto no es la más fina astucia del demonio para encubrir sus crímenes, no sé qué más pueda serlo.

Alimentamos nuestros cuerpos y olvidamos que tenemos un alma inmortal. ¿por qué? Tal vez porque el demonio nos confunde, nos desvía de nuestros objetivos, nos distrae saturándonos con las cosas que mundo. Te hace olvidar lo verdaderamente importante, la vida de oración y el crecimiento espiritual, la bondad. Y tú te dejas. No seas incauto, no te dejes. No le permitas que te aparte de Dios.

La salvación de tu alma, es el asunto más importante que debe ocupar tu vida. Es un tema muy serio. Cuando comprendes que tu salvación o condenación dependen enteramente de ti te das cuenta que todo esfuerzo por alejarte de pecado vale la pena. Esfuérzate, hablamos de tu alma. Busca a Dios, enamórate de Él. Decía san Felipe Neri: "¿Cómo es posible que alguien que cree en Dios pueda amar algo fuera de Él?"

"En seguida Jesús dio una orden al demonio, que salió, y desde ese momento el niño quedó sano."

(Mateo 17)

ALIMENTO PARA EL ALMA

"El alma es como un huerto y debemos procurar que crezcan en este las plantas de las virtudes, y regarlas para que no se pierdan, sino que vengan a echar flores y así se venga a deleitar muchas veces a esta huerta nuestro Señor." escribió santa Teresa de Jesús. Le gustaba considerar su alma un huerto para cultivar y al Señor paseándose en él. Cultivemos la santidad para dar frutos de eternidad y un alma hermosa a Dios.

¿Has pensado últimamente en tu alma inmortal? Suelo escribir que debemos ser menos carne y más espíritu. Cultivar y alimentar nuestra alma, llenarla de gracias para que Dios la vea complacido. Ten ansias del cielo prometido y esfuérzate por la santidad. El mundo necesita santos para transformarse. La sierva de Dios, sor María Romero escribió en su diario espiritual:

"Más consigue un santo con una sola palabra que un trabajador ordinario con una serie de discursos. Dame pues, Dios mío, la santidad, que es la única capaz de conmover el sentimiento, de traspasar las almas y de renovarlas". Necesitamos santos. Hay muchos santos anónimos que no conocemos, trabajan con nosotros, pasan a nuestro lado y jamás los reconoceríamos. Viven con humildad y sencillez, mostrando un exterior ordinario, mientras tienen un interior extraordinario, moviéndose en la presencia VIVA de Dios. Basta que digan una palabra para encender mil almas con el amor de Dios.

Como no soy bueno aconsejando, le cedo la palabra a Don Bosco. Él solía decir que nada hace tanto bien al alma como la lectura de un buen libro de espiritualidad. Debemos leer más libros que nos hablen de Dios, la gracia, el amor de Jesús, la fe, la confianza en la Misericordia, el amor de nuestra Madre del cielo y loas ayudas de San José.

Yo suelo recomendar a los católicos, leer la Biblia que es una guía estupenda para nuestra vida espiritual, nos permite conocer lo que Dios espera de nosotros sus promesas, las Palabras de Jesús y nos da mucha paz y serenidad, después el Catecismo de la Iglesia Católica, para conocer las verdades de nuestra fe. Luego recomiendo adquirir libros de crecimiento espiritual como:

1. "Historia de un alma" de santa Teresita del Niño Jesús.
2. **"Imitación de Cristo"** de Tomás de Kempis.
3. *Tratado de la Verdadera Devoción a la Santísima Virgen", de San Luis María Grignion de Montfort.*
4. *El Combate Espiritual, de Lorenzo Scupoli*y.
5. El Santo Abandono Dom Vital Lehodey.

6. *Relatos de un Peregrino Ruso, una de las obras que más he disfrutado, leído y releído.*
7. La vida de algún santo. Hay muchas biografías disponibles.

Muchos santos tuvieron encuentros muy fuertes con el demonio. Al leer sus vidas aprendes de ellos a vencer las tentaciones siendo personas normales, y cómo lograron superar al demonio. La biografía del Padre Pio, por ejemplo, es un libro estupendo que puedes y debes leer. Es uno de los pocos estigmatizados que por las noches sostenía encarnizadas batallas contra el demonio que quería molerlo a golpes, por arrebatarle tantas almas. Lo obtienes en cualquier librería católica. A leer estos libros de espiritualidad y crecimiento espiritual, va a surgir en tu alma una sed insaciable por conocer más de Dios y vas a querer leer otros libros. La lista es interminable. Son historias maravillosas sobre el Poder y la bondad de Dios en sus vidas.

Un domingo abrí un libro y leí esta descripción del demonio: "Estaba una vez en un oratorio, y apareció hacia el lado izquierdo, de abominable figura; en especial miré la boca, porque me habló. La tenía espantable. Parecía que le salía una gran llama del cuerpo, que estaba toda clara, sin sombra. Dijo que me había librado de sus manos, más que él me tornaría a ellas. Yo tuve gran temor y me santigüé como pude, y desapareció y tornó luego. Por dos veces me acaeció esto.

Yo no sabía qué me hacer. Tenía allí agua bendita y eché hacia aquella parte, y nunca más tornó".

Así describe santa Teresa de Jesús uno de sus encuentros con el demonio y cómo el agua bendita la ayudó a librarse de él. "De larga experiencia he aprendido que no hay nada como el agua bendita para poner en fuga a los demonios y evitar que vuelvan nuevamente", escribió. "También huyen de la Cruz, pero regresan; así que el agua bendita debe tener gran virtud. Por mi parte, siempre la llevo, con ella mi alma siente un particular y muy notable consuelo". El agua bendita es un sacramental extraordinario. Yo la uso para bendecir mi casa, y cada cierto tiempo la roció por las deferentes habitaciones mientras voy rezando, pidiendo a Dios su bendición y protección para mi hogar y los míos.

Debemos aspirar a lo alto, al Paraíso, caminar con la mirada en el cielo, no aferrados a la tierra; vivir con espíritu de plegaria, esperando de Dios lo mejor, siempre. Tomás de Kempis en su maravilloso libro: "Imitación de Cristo" nos dejó esta reflexión para sacudir nuestras almas y despertarnos a la realidad: "¿Por qué miras a todos lados no siendo éste tu lugar de descanso? Tu morada deberá ser en los cielos. Por eso, hay que ver todas las cosas de la tierra como quien va de paso. Todas las cosas van de paso. **Tú también vas de paso con ellas**". ¿Comprendes ahora?

NO HAGAS TRATOS CON EL DEMONIO

Éste es un asunto muy serio, por eso te he dedicado este libro, para mostrarte el peligro en que a veces te colocas y lo que debes hacer para librarte de él. "Por favor, **no hagamos tratos con el demonio** y tomemos en serio los peligros que se derivan de su presencia en el mundo. Nos corresponde a nosotros no ser ingenuos", ha dicho el Papa Francisco en una homilía del 2013. Y añadió: **"Debemos siempre velar, velar contra el engaño,** contra la seducción del maligno".

Puedes vencer al demonio:

1. Orando y permaneciendo en la presencia viva de Dios. "Si Dios está de nuestra parte, ¿quién estará contra nosotros?" (Rm 8, 31).
2. Invocando la protección de la Virgen María, la Inmaculada Madre de nuestro Salvador. No temas acudir a María. Los grandes santos de nuestra Iglesia suelen decir que es *"señal segura de santidad"* la devoción a la Madre de nuestro Salvador.
3. Velando contra el engaño y sus seducciones. Jesús nos dio esta estrategia para vencer. **"Velad y orad, para que no caigáis en tentación."** (Mateo 26)
4. Llevando una vida sacramental, vida de fe.

5. Custodiando nuestro estado de gracia.
6. Usa el discernimiento para identificar las tentaciones y las consecuencias de caer en el pecado mortal. Las consecuencias suelen afecta a todos a tu alrededor.
7. Luchando sin desanimarte contra las tentaciones. San Josemaría Escrivá aconsejaba: "No dialogues con la tentación. Déjame que te lo repita: ten la valentía de huir; y la reciedumbre de no manosear tu debilidad, pensando hasta dónde podrías llegar. ¡Corta, sin concesiones!" *(Surco, 137)*
8. *Haciendo siempre el bien.* "No te dejes vencer por el mal; al contrario, **vence el mal con el bien**." (Lucas 12)
9. Sé humilde, pues esto agrada a Dios y te acerca a la santidad. San José de Calasanz decía: "*Si quieres ser santo, sé humilde; si quieres ser más santo, sé más humilde; si quieres ser muy santo, sé muy humilde*". Y las Sagradas Escrituras nos dicen: "Dios resiste a los soberbios y da su gracia a los humildes". (1 Pedro 5) El demonio por el contrario odia y se aleja de los humildes. No los soporta. Dicen que "la humildad es un repelente poderoso contra el demonio". Las mejores palabras sobre la humildad y su importancia las leí de santa Isabel Ana Seton: **"La puerta del**

cielo es muy baja; solo los humildes pueden entrar en él."

10. Ejercítate en el amor, ama a todos, ama de primero, ama, aunque no te amen, particularmente a los que te han hecho daño. Las Escrituras nos aseguran: **"Si nos amamos unos a otros, Dios permanece en nosotros"**. (1 Juan 4)

Dios es un Padre extraordinario y cuida bien de sus Hijos que lo buscan y lo aman. Por tanto, si amas, y Dios habita en ti, el demonio no podrá acercarse sin que reconozcas sus obras y tentaciones. Tendrás la fortaleza, sabiduría y serenidad para vencer.

~~

"Ahí tienes a tu madre."

(Juan 19)

Oh dulce **Corazón de María,** sed la salvación del alma mía.

LA PROMESA DE LA VIRGEN

Desde niño he tenido una gran devoción por la Virgen María, la Madre de nuestro Redentor. Ha cuidado mis pasos con el amor de una madre, preocupándose por mi bienestar espiritual. Siempre que le rezo, siento como si nos dijera: "Aún hay tiempo, conviértanse". Y es que vive preocupada por el destino de la humanidad.

Cuando veo todo el mal que consume la tierra y se esparce en la humanidad, me consuelo pensando que al regreso de Jesús todo se renovará. Por algo en misa solemos exclamar: **"Ven Señor Jesús".** Después de tanto sufrimiento va a ser un momento extraordinario. Sólo piénsalo, sin temor, porque no hay que tener miedo a las cosas de Dios, que son para nuestro bienestar. Él siempre actúa y permite algunas cosas, por un bien mayor. Cuando todo pase vendrá un nuevo cielo y una nueva tierra en la que seremos felices y podremos llamarnos: "hermanos". "…vi un cielo nuevo y una tierra nueva, pues el primer cielo y la primera tierra habían desaparecido, y el mar no existe ya… **Esta es la morada de Dios con los hombres; él habitará en medio de ellos; ellos serán su pueblo y él será Dios** -con ellos; él enjugará las lágrimas de sus ojos. **Ya no habrá muerte ni lamento, ni llanto ni pena, pues todo lo anterior ha pasado.**" (Apocalipsis 21)

También me consuelo con la maternal promesa de la Santísima Virgen María en Fátima: **"¡Por fin mi Inmaculado Corazón triunfará!"**

Mientras esperamos que esto ocurra, podemos colaborar y concentrarnos en **desplazar la obra ingrata del maligno con el bien**. Inundar el mundo de bondad. Hacer el bien, perdonar siempre, dar buen ejemplo con nuestras vidas, orar en todo momento con fervor y confiar en la Divina Providencia pues **Dios nunca abandona a sus hijos**.

Lo que está pasando en el mundo es lo que en mi país llamamos: "pataleo de ahogado", que es *"una suerte de protesta inútil, una reclamación que no tiene posibilidades de conseguir nada porque ya la suerte está echada."* El bien siempre triunfará.

¡Los Corazones de Jesús y María triunfarán!

~~

ACUDE A MARÍA

Seguro ya lo notaste, estamos en medio de una batalla espiritual, una guerra en la que se decide el destino de nuestra alma. Por un lado, el demonio y sus huestes tendiendo trampas para hacernos caer en el pecado y apartarnos de Dios.

Por otro lado, nuestro libre albedrío, la libertad que tenemos y que nos permite decidir voluntariamente si vamos a pecar, sabiendo que es una grave ofensa a Dios o si vamos a agradarle con nuestras obras, palabras y pensamientos. Y desde el cielo, Dios, que lo ve todo y nos dice: "No tengas miedo. Y estoy contigo".

Cada día al levantarnos de la cama tomamos decisiones que afectan nuestras vidas, elegimos desde el desayuno que vamos a tomar, el trabajo que realizaremos, la ruta hacia el trabajo o el colegio. Y también si aceptamos la tentación o nos alejarnos de ella.

También has notado que tenemos mucho a nuestro favor, armas espirituales para defendernos y triunfar, incluso un ángel custodio que Dios coloca a nuestro lado al nacer. Pero como si esto fuera poco los católicos tenemos *"un aliado"* invencible, la Inmaculada Madre de Jesús, la Auxiliadora y siempre Virgen María. Sor María Romero escribió de ella:

"Doscientos millones de corazones de católicos, se creen en el colmo de la felicidad repitiendo el dulcísimo nombre de María. ¿Cuántas veces lo repito yo voluntariamente durante el día para pedirle ayuda y protección? En nuestras dificultad y penas acudamos a María que nos ha sido dada por Madre".

La Virgen es:

1. Abogada, refugio de los pecadores.
2. Sostén y amparo de los Justos.
3. Esperanza y consuelo de las almas del Purgatorio.
4. Alegría y delicia del cielo.
5. Tesoro y encanto de mi alma.
6. Amor y Ternura de Jesús.
7. Complacencia y Gloria de la Santísima Trinidad.

"María Auxiliadora triunfe tu poder y tu misericordia. Líbrame del enemigo malo y de todo mal y escóndeme bajo tu manto".

San Bernardo de Claraval, uno de los grandes santos de nuestra Iglesia católica, enamorado de la Virgen María, escribió sobre ella: "Por eso quiso que fuese Virgen, para tener una Madre Purísima, él que es infinitamente puro y venía a limpiar las manchas de todos quiso que fuese humilde para tener una Madre tal, él que es manso y humilde de corazón, a fin de mostrarnos en sí mismo el necesario y saludable ejemplo de todas estas virtudes. Quiso que fuese Madre el mismo Señor que la había inspirado el voto de virginidad y la había enriquecido antes igualmente con el mérito de la humildad. "Oh Virgen admirable y dignísima de todo honor. ¡Oh mujer singularmente venerable, admirable entre todas las mujeres que trajo la restauración a sus padres y la vida a sus descendientes!".

Siempre acudo a la Virgen, sobre todo en mis grandes dificultades. Y nunca he quedado defraudado. La Virgen es madre ante todo y al ver cómo se pierden sus hijos, actúa, no se queda viendo cómo las almas van al infierno. No cesa de pedir a su Hijo nuestro salvador que les dé gracias para que puedan salvarse. Desde niño he experimentado su presencia y protección maternal. La Virgen me ha sacado de muchos apuros. Cuando ronda la tentación acudo a la Virgen: **"Madre mía, no quiero ofender a tu hijo, ¡ayúdame!"** Me siento a rezar el sano Rosario y a medida que transcurren los Avemarías voy experimentando una gran paz y la tentación se aleja de mí.

Este es un sueño que siempre me ha llenado de esperanza. Te lo cuento porque es edificante, porque tal vez, este sueño no fue para mí, sino para ti. Para que sepas que nuestra Madre del cielo, vela por ti.

Me encontraba en una explanada hermosa. Era una mañana de mucho sol y corría la brisa fresca. La hierba estaba cortada y el ambiente era para estar contento. Al fondo de aquel parque había un bosque misterioso. Lo formaba un grupo extenso de árboles muy altos, tan pegados entre sí que apenas había espacio para que una persona pasara en medio. Reinaba una gran oscuridad en aquel lugar, a diferencia del día soleado de la explanada. Pensé que las copas de aquellos árboles impedían que se filtrara la luz del sol. Todo era extraño. Me acerqué para ver mejor y la voz de un niño me advirtió: "No te acerques allá". Pero no le hice caso.

Caminaba hacia el bosque cuando surgió, de entre aquellos árboles, una jauría de 50 lobos enormes. Corrieron hacia donde yo me encontraba. En sus miradas se les notaba un gran odio. Eran negros como la noche. Nunca vi nada semejante. Sus dientes les sobresalían de sus bocas, afilados como cuchillos. No parecían ser de este mundo. Corrí lo más rápido como pude, pero pronto me alcanzaron y me cortaron el paso. Estaba muy asustado y empecé a gritar esperando que alguien llegara: "¡Ayuda! ¡Ayuda!" En el momento que me rodearon, una luz blanca y brillante los aturdió. No podían avanzar por más que lo intentaron y salieron huyendo, regresando al bosque. Entonces vi a mi lado a una mujer muy hermosa, de vestimentas blancas, luminosas, con hilos dorados.

De ella brotaba la luz. Sonreía con dulzura. Colocó su mano sobre mi hombro y me dijo con serenidad y una voz bellísima: "No tengas miedo". Supe en ese instante que nada malo pasaría. Y desperté. Tiempo después tuve que enfrentar graves dificultades, pero lo hice con serenidad y fortaleza al recordar aquella señora venida del cielo que estuvo a mi lado y me dijo: *"No tengas miedo".*

Cuando mis lectores acuden a mí o me escriben pidiéndome un consejo les recomiendo ir al sagrario y hablar con Jesús, y luego; *"acudan a María, es nuestra madre y los escuchará".* San Bernardo nos dejó estos consejos maravillosos para acudir confiados a nuestra Madre celestial.

¡MIRA A LA ESTRELLA, INVOCA A MARÍA!

¡Oh tú que te sientes lejos de la tierra firme, arrastrado por las olas de este mundo, en medio de las borrascas y de las tempestades, si no quieres zozobrar, no quites los ojos de la luz de esta Estrella, invoca a María!

Si se levantan los vientos de las tentaciones, si tropiezas en los escollos de las tribulaciones, mira a la Estrella, llama a María.

Si eres agitado por las ondas de la soberbia, si de la detracción, si de la ambición, si de la emulación, mira a la Estrella, llama a María. Si la ira, o la avaricia, o la impureza impelen violentamente la navecilla de tu alma, mira a María.

Si, turbado a la memoria de la enormidad de tus crímenes, confuso a la vista de la fealdad de tu conciencia, aterrado a la idea del horror del juicio, comienzas a ser sumido en la sima del suelo de la tristeza, en los abismos de la desesperación, piensa en María. En los peligros, en las angustias, en las dudas, piensa en María, invoca a María.

No se aparte María de tu boca, no se aparte de tu corazón; y para conseguir los sufragios de su intercesión, no te desvíes de los ejemplos de su virtud.

No te extraviarás si la sigues, no desesperarás si la ruegas, no te perderás si en Ella piensas. **Si Ella te tiende su mano, no caerás; si te protege, nada tendrás que temer;** no te fatigarás, si es tu guía; llegarás felizmente al puerto, si Ella te ampara.

EL ANTÍDOTO CONTRA EL DEMONIO

Anoche he pasado en vela, pero no angustiado. Reflexionaba en estas cosas. Han transcurrido mis horas suavemente, con la dulzura de sentir, experimentar la presencia de Dios. Lo he pasado con Dios. Envuelto en su amor. Pensando en Él. A las tres de la madrugada estaba sentado en mi cama y me decía: **"Qué bueno es Dios"**.

Una ternura insondable me rodeó. Penetraba mis sentidos, mi alma, mi corazón. Era como un abrazo del que no te quieres soltar. Sólo deseaba permanecer así, sin moverme. Experimentar este Amor, la certeza que Dios nos Ama, infinitamente, a pesar de lo que somos. Si Dios nos ama. Pasaron las horas y pensé:

"Este es el antídoto que necesita el mundo contra el demonio, el mal y la destrucción".

Hay que llenarlo de amor, porque el que experimenta a Dios jamás querrá otra cosa y se esforzará por no ofenderlo. Dios es tan bueno que te duele entristecerlo con el pecado. Decía san Juan de la Cruz:

"Pon amor donde no hay amor, y encontrarás amor".

Amaneció y me senté en la terraza de mi casa. Saboreando aún la dulzura de aquella "presencia". Y una sola palabra llegó a mi corazón. "Amar". Debemos amar.

Recordé un texto que había leído hace poco y pensé: "Este es el antídoto para la incomprensión. para todos aquellos que viven sin ilusiones, para los que ven decaer su fe, para los que han abandonado a Dios. **El antídoto es el amor.**"

~~

DESPLAZA EL MAL CON EL BIEN

No tengas miedo y vive el Evangelio. ¿Cómo erradicas el temor? Amando cada vez más a Dios, al prójimo y a ti mismo. *"No hay temor en el amor; sino que **el amor perfecto expulsa el temor**,"* (1 Juan 4*)* "No temáis pequeño rebaño" nos dice Jesús. Por tanto, no tengas miedo al demonio o al mal que se esparce por el mundo como una sombra, tú haz lo que te corresponde, Dios hará lo demás.

Tengamos confianza. **El demonio nunca tendrá la última palabra,** menos en estos tiempos de adversidad y dolor, con este virus que azota el mundo causando tantas muertes. Es un brabucón que siembra el miedo, la seducción y la desconfianza para atrapar a sus víctimas ingenuas. Pero no puede obligarte a pecar. Si pecas es porque te has dejado, porque tú quieres o porque te ha engañado con sus seducciones. Tienes libre albedrio para negarte y correr lejos de las tentaciones o para curiosear, abrazar el mal y tomar la mano del demonio. **Tú eliges tu eternidad.**

Esta tarde mi esposa Vida me ha llamado urgente. Eran las 2:00 p.m. Llegué a nuestra habitación y me dijo: "Debes oír esta homilía del padre Santiago Martín". Todas las tardes dedica media hora a escuchar la misa de los Franciscanos de María, en España, por Internet.

Debido a la cuarentena y las restricciones de salida que tenemos en Panamá a veces es la única forma de oír la misa diaria. La acompañé durante la Eucaristía y quedé de una pieza cuando escuché las palabras del buen sacerdote. He copiado para ti algunas de ellas, las más significativas. ¡Son increíbles!

"Siempre recuerdo aquella anécdota de san Juan Pablo II, cuando era un joven en una Polonia, una Varsovia, ocupada por los nazis. Los jóvenes polacos se estaban apuntado a la resistencia polaca. El entonces Karol Józef Wojtyła quería liberar a su patria. Un director espiritual laico, **Jan Tyranowski**, al que llamaban *"el sastre místico",* un hombre profundamente religioso, le dijo una frase que cambió su vida y cambió la historia de la Iglesia. Le dijo:

"El mal se destruye a sí mismo.
Tú dedícate a hacer el bien".

Y Karol Wojtyła entró al seminario, clandestinamente. Dedícate hermano a hacer el bien que el mal se destruye a sí mismo. El bien tiene su fuerza. Tiene poder".

Amable lector, haz el bien, no tengas miedo, que tarde o temprano tus buenas obras desplazarán el mal, dejándonos un mundo mejor. Estamos llamados a esto, a transformar el mundo en un lugar digno y justo para los que vienen, nuestras futuras generaciones y a ganarnos el ciclo prometido.

Nuestro deber es orientar, ayudar a cuantos podamos en este propósito para encontrarnos todos en el Paraíso. Hay que vencer el mal y una forma muy sencilla a nuestro alcance es hacer el bien. No importa que tan pequeñas se vean, tus buenas obras siempre van a repercutir en los demás. Me haces recordar una anécdota sobre un hombre que caminaba por la playa una mañana de mucho sol. La marea había arrojado miles de estrellas de mar sobre la arena. El hombre empezó a recogerlas de una en una para devolverlas al mar. Una persona se le acercó:

—¿Qué haces?

—Salvo las estrellas de mar.

—Eso es absurdo, jamás podrás salvarlas a todas.

El hombre sonrió y con tranquilidad se agachó para tomar otra estrella de mar. La arrojó sobre las olas y exclamó:

—¡Pero a ésta sí!

Las Escrituras nos invitan a hacer el bien y no cansarnos de ello porque agrada a Dios, nuestro Padre. *"Por su parte, hermanos,* **no se cansen de hacer el bien***."* (2 Tesalonicenses 3)

El Salmo 37 nos dice bellamente: *"Confía en el Señor y* **haz el bien***, habita en tu tierra y come tranquilo. Pon* *tu alegría en el Señor, él te dará lo que ansió tu corazón. Encomienda al Señor tus empresas, confía en él que lo hará bien. Hará brillar tus méritos como la luz y tus derechos como el sol del mediodía."*

Suelo recomendar a los que me escriben solicitando un consejo: **"Haz todo el bien que puedas a todo el que puedas.** Y tu vida va a cambiar".

Una tarde, un viejo amigo me pidió que lo acompañara donde las Misioneras de la Caridad, las religiosas de la Madre Teresa de Calcuta, en Panamá. Él vende productos alimenticios y de pronto sintió la imperiosa necesidad de hacerles una donación. Por supuesto, asentí. Cuando llegamos las hermanitas felices. Una nos comentó: "Justo a tiempo, ya necesitábamos, siempre llega la Providencia. Dios nos cuida". Cuando nos marchábamos, mi amigo un hombre fuerte, orilló el auto y se puso a llorar. "No sé qué me pasa Claudio, ¿qué es esto? ¿Por qué lloro? Es como un gozo interior, una alegría que no sé explicar" Le sonreí palmeando su hombro.

"Es que has hecho una buena obra y Dios complacido contigo te ha obsequiado el don del Espíritu Santo. Lo que experimentas es la gracia de su amor".

Nos quedamos un rato estacionados, disfrutando aquella presencia de Dios en medio.

"In hoc signo vinces".
"Con este signo vencerás".

LA SEÑAL DE LA CRUZ

La señal de la cruz es el más glorioso distintivo, la señal de los cristianos. Nos recuerda el amor de Dios, el sacrificio de Jesús por la humanidad. Una vez leí que por ese motivo el demonio odia tanto la señal de la cruz. No soporta nada que nos acerque a Dios. Mientras en algunos países ordenan eliminar el símbolo de la cruz de las oficinas y escuelas o mandan derribar cruces como ocurrió recientemente en una localidad de España, Aguilar de la Frontera, un pueblo de Córdoba, en el monasterio de unas Carmelitas Descalzas; en otros lugares luchan para eliminarlas del todo.

Hace poco escribieron un poema a esa cruz derribada, que terminó arrojada en un vertedero por orden de una alcaldesa que es comunista. *"Señor tu cruz estorba en España".*

Me encantó el poema. Llega hondo. Yo le añadiría estas estrofas cuestionando: "¿Dónde estaban tus hermanos cuando derribaron tu cruz? ¿Dónde estaban los católicos que callaron y los dejaron? ¿Te abandonamos de nuevo como hicieron en el Gólgota? ¿Por qué tantos creyentes callan ante lo inmoral? ¿Hemos olvidado que **hay que obedecer a Dios antes que a los hombres**? ¿Por qué los dejamos derribar tu cruz? ¿Cuántas cruces deben caer para hacernos comprender?

Hace poco leí en las redes sociales el comentario brusco de una persona que despreciaba la cruz de Cristo. "Ahora que tumbaron la cruz del convento de las Carmelitas de Aguilar de la Frontera, debemos esforzarnos para quitarla de los cuellos de los cristianos. Hay que erradicar la cruz, es una ofensa para los no creyentes". Pocos se atrevieron a refutar sus palabras. Había tal silencio a su alrededor. Yo le respondí: "Parece que muchos le temen a la cruz, lo que simboliza, la forma como nos lleva a reflexionar en el amor de Dios. Es una luz que los ciega.

Hay que perpetuar la cruz, jamás quitarla del cuello de los cristianos o de nuestras oficinas. **Es signo de victoria.** El acto violento que han cometido contra la cruz de las Carmelitas es una ofensa para los creyentes". Este desprecio por el símbolo de la cruz no es nuevo. Todo lo que nos atraiga a Cristo, para algunos es impensable y debe ser sacado del camino.

"… muchos viven según os dije tantas veces, **y ahora os lo repito con lágrimas, como enemigos de la cruz de Cristo".** (Filipenses 3, 18).

El innombrable está muy activo tratando de golpear donde más daño puede hacer. Lee los diarios. Mira las leyes que están aprobando algunos gobiernos, contra la vida y la dignidad del ser humano.

El mal muchas veces parece que está ganando terreno, pero solo es en apariencia. El bien siempre termina triunfando. La luz penetra a oscuridad y la verdad desplaza a la mentira. Tenemos mucho a nuestro favor para vencer al demonio. La oración, la gracia santificante, la protección maternal de la santísima Virgen María, los sacramentos y sacramentales…. Y la señal de la cruz, santiguándose con fervor.

La señal de la cruz es lo primero que hago al despertar. Me santiguo y le agradezco a Dios todas las bondades que ha tenido conmigo. Pude despertar y eso es un milagro que Dios nos concede cada mañana. Rezo un rato y le ofrezco a Dios mi vida.

"**La Señal de la Cruz es temida por el demonio** porque sabe muy bien que es por la Cruz que escapamos de él. Comenzamos por la cabeza: el Padre, la creación; después el corazón: el Hijo, el amor, la redención; por último, los hombros: el Espíritu Santo, la fuerza". (san Juan Vianney)

"En todas las cosas de nuestra religión nos valemos de **la señal de la cruz.** Por esto **la cruz se llama signo**, porque usamos de ella con el fin de que no se acerque mal alguno que nos infecte". (San Juan Crisóstomo)

Se cuenta que San Antonio Abad venció en el desierto las fuertes tentaciones del demonio con la señal de la Cruz. "Creedme, les decía a sus discípulos: basta hacer la señal de la cruz, para que el demonio huya avergonzado".

Cada vez que puedas persígnate, haz la señal de la cruz, pero no como un ritual, un garabato o una costumbre familiar, sino con respeto y devoción, bien hecha.

Te dejo esta sencilla oración con verdadero Poder, para librarnos del mal.

*Por la señal de la Santa Cruz
de nuestros enemigos,
líbranos Señor, Dios nuestro.
En el nombre del Padre,
del Hijo y del Espíritu Santo. Amén*

~~

CONFÍA EN DIOS

Recuerdo una mañana soleada en que lleve a mi hijo pequeño al colegio. Cuando me marchaba alguien me llamó. Me volteo y miro a una de las maestras. "Quiero contarle algo", me dijo. ·Es sobre uno de sus libros en el que nos dice que debemos confiar en la Misericordia de Jesús". La miré sorprendido y respondí: "Soy todo oídos".

Entonces me contó. "Hace unos meses estaba en casa arreglando la ropa cuando sentí (esto es algo que solo las madres comprenden) que algo malo le había ocurrido a mi hija. Tomé el teléfono móvil para llamarla y no respondía. En eso suena el timbre de a casa. Un vecino me avisa que a mi hija la atropellaron cuando cruzaba la calle, afuera del edificio donde vivimos.

Me vestí y bajé a ver lo ocurrido. Estaba tirada en la calle, ensangrentada. Me empezaron a consumir los nervios, trataba de llamar una ambulancia y no podía marcar.

Entonces, por una fracción de segundo sentí esta voz interior que me decía: "Confía. Ten fe". Y recordé lo que leí en uno de sus libros. Que Jesús siempre está a nuestro lado, que podemos confiar en Él. Que no estamos solos. Y recé: *"Jesús, yo confío en ti"*.

En ese instante me inundó una gran paz, algo que pocas veces he sentido. Y pude llamar una ambulancia, acompañar a mi hija y estar con ella en el proceso de recuperación, animándola a no rendirse. Fue maravilloso confiar. Quería que lo supiera".

Hay una oración del Padre Teilhard de Chardin, muy oportuna. Rézala en voz alta, que otros te escuchen. Saca copias de la misma, obséquiala a tus amistades. Es una oración bellísima que nos mueve a la confianza.

Adora y confía

No te inquietes por las dificultades de la vida,
por sus altibajos, por sus decepciones,
por su porvenir más o menos sombrío.

Quiere lo que Dios quiere.

Ofrécele en medio de inquietudes y dificultades
el sacrificio de tu alma sencilla que, pese a todo,
acepta los designios de su providencia.

Poco importa que te consideres un frustrado
si Dios te considera plenamente realizado; a su gusto.

Piérdete confiado ciegamente en ese Dios que te quiere para sí. Y que llegará hasta ti, aunque jamás le veas.

Piensa que estás en sus manos,
tanto más fuertemente cogido,
cuanto más decaído y triste te encuentres.

Vive feliz. Te lo suplico.
Vive en paz. Que nada te altere.
Que nada sea capaz de quitarte tu paz.
Ni la fatiga psíquica. Ni tus fallos morales.
Haz que brote, y conserva siempre sobre tu rostro
una dulce sonrisa, reflejo de la que el Señor
continuamente te dirige.

Y en el fondo de tu alma coloca, antes que nada,
como fuente de energía y criterio de verdad,
todo aquello que te llene de la paz de Dios.

Recuerda: cuanto te reprima e inquiete es falso.
Te lo aseguro en nombre de las leyes de la vida
y de las promesas de Dios. Por eso, cuando te sientas
apesadumbrado, triste, **adora y confía**...

~~~

Hay un versículo en Éxodo 14 que me encanta. Te da seguridad, tranquilidad y mucha paz en los difíciles momentos de dificultad y en medio de las grades tentaciones. ¡Es maravilloso! No estamos solos en esta gran batalla. Dios NUNCA nos abandonará.

"Yahvé peleará por ustedes,
y ustedes solamente mirarán."

LA GRACIA A CUENTAGOTAS

Recuerdo que me quejaba con Jesús porque las ideas me venían de a poco, a cuentagotas. Por eso escribo y armo mis libros como si cada día me entregaran una pieza faltante de un rompecabezas. No soy capaz de ver el resultado final hasta que lo termino de armar. Soy impaciente por naturaleza y una tarde me queje con Él. "Dame el libro completo Jesús. Parece que me das las ideas con un gotero". Esa noche tuve un sueño.

Me vi de pie en un pasillo iluminado por la luz del sol. Frente a mí, a pocos pasos estaba Jesús. Me miraba con esa ternura que lo caracteriza. Vestía una túnica blanca luminosa. De él brotaba un brillo bellísimo que no cegaba. Cargaba un saco de naranjas. No entendía lo que estaba pasando. De pronto abrió el saco y me arrojó las naranjas. "¡Atrápalas!", exclamó.

Vi las naranjas volar hacia mí en el aire. Eran demasiadas. Como pude atrapé cinco, el resto rodó por el suelo. En ese momento preguntó sonriendo: "¿Cuántas atrapaste Claudio?"

Vi mis manos y sentí vergüenza. Se las mostré. "Solo cinco", respondí y me excusé:

"Fue imposible atrapar el resto en el aire. Solo tengo dos manos, Jesús. Me hubieras lanzado tres o cuatro".

Entonces me miró compasivo y respondió: "Con mi gracia hago igual, la doy poco a poco, de acuerdo a tu capacidad, para que no se pierda". En ese momento desperté y comprendí.

~~

LA ORACIÓN PARA TRIUNFAR

Hace tiempo me di cuenta de que, si quería triunfar en un proyecto importante, antes de empezarlo debía tener cercana mi Biblia, leerla, ir a misa diaria y rezar con fervor ante el sagrario en la presencia de Jesús Sacramentado.

La oración siempre será nuestra mejor defensa contra los ataques del demonio. Por eso he orado tanto y sigo orando a medida que escribo y avanzo con este libro. La oración y la comunión frecuente siempre me han sostenido en la adversidad y en este apostolado de la palabra escrita. Dios siempre ha sido mi refugio ante la adversidad y los ataques de demonio.

No pienses que es fácil lo que hago, y que por el hecho de ser libros católicos las puertas se abrirán solas. Enfrento muchas dificultades y he estado a punto de rendirme innumerables veces. He persistido porque cuento con una ayuda excepcional. Recuerdo que una vez me molesté por la carencia de recursos económicos para seguir adelante y fui a ver a Jesús en el Sagrario.

"He terminado mi libro, necesito quinientos dólares para pagar unas portadas y no tengo un real. Si tú quieres que publique estos libros por favor ayúdame".

Esa noche recibí un email de las monjitas Paulinas de Brasil: "Estimado señor de Castro, hemos leído su libro: "El Poder Sanador del Perdón", nos gustó mucho. Queremos traducirlo al portugués y publicarlo en nuestra editorial. Le corresponden por Derechos de Autor quinientos dólares. Si no tiene inconvenientes nos gustaría enviárselos mañana a primera hora por transferencia bancaria".

Apenas creía lo que estaba leyendo. Vaya, ¡que fue rápida la respuesta de Jesús! Me enseñó con cientos de gestos providenciales como éste, a confiar en él, a no temer a pesar de lo oscuro que se viera el panorama, y sobre todo a abandonarme en su amor. Es lo que llaman, "el santo abandono" o "la perfecta conformidad con la voluntad de Dios". Y es que no estamos solos, no hay motivos para temer. Tenemos un gran aliado, Dios.

En una ocasión mi esposa me pidió cien dólares para pagar unos libros en la escuela de mi hija. No los tenía. Era sábado. ¿Qué hacer? Confié y esperé la respuesta de Dios, la Providencia que nunca falta. Una hora después recibo un telefonema: "Buenos días señor Claudio, le hablamos de la parroquia tal. Deseamos comprarle cien dólares en libros. ¿Tendrá disponible para que nos entregue hoy?" "Por supuesto", respondí más rápido que ligero. Y así salí del apuro.

He comprobado que es verdad lo que nos dicen los santos de nuestra Iglesia: "Si confías mucho, recibes mucho, si confías poco, recibes poco de Dios". Dios premia la confianza y la fe. Las Escrituras están llenas de referencias sobre la confianza en Dios. Pero hay un salmo en particular, el 37, que me gusta repetir porque es una promesa que he visto cumplirse en mi vida. "**Confía** en el Señor… Pon tu alegría en el Señor, **él te dará** lo que ansió tu corazón."

Es el camino que me ha tocado recorrer. Quince años viviendo de la Providencia, recibiendo lo que necesito en el momento justo, no antes ni después. Éste es un detalle de Dios que siempre me ha impresionado. En ocasiones me quejo con Él sonriéndole: "¿Por qué esperas hasta el final para reaccionar y responder, pudiendo hacerlo desde el principio?" Me parece que responde: "**Para probar tu fe y fortalecer tu confianza**. Es necesario que aprendas que todo se da en mi tiempo, que es perfecto."

No es sencillo, debes vencer el orgullo, tu sentido de autosuficiencia, saber que solo con tus fuerzas no puedes salir adelante y vaya que a mí me cuesta. Pero Dios es paciente conmigo. Me ha enseñado que le agrada mucho cuando oramos y nos ponemos en su presencia. Santa Teresa de Jesús decía que la oración *"No es otra cosa que tratar de amistad, estando muchas veces a solas, con quien sabemos nos ama"*. He llegado a concluir que orar es permanecer en la dulce presencia de Dios. Cuando rezas, estas con Él. En ese extraordinario momento, todo es posible.

Siempre recuerdo cuando el Opus Dei se mudó a mi país. Ocuparon una casa grande enfrente del edifico donde yo vivía. La convirtieron en una residencia estudiantil. Me gustaba cruzar la calle para visitar a Jesús en el sagrario de su pequeño oratorio. Ocasionalmente escuchaba sus charlas y hablaba con los sacerdotes de muchos temas, incluso de literatura, que tanto me interesaba. Un día les pregunté cuál era el secreto del éxito de su expansión.

La respuesta fue sencilla: "Meses antes de venir a Panamá, en la Obra, alrededor del mundo, se rezaba por el éxito de nuestra llegada". Tenía mucha lógica. Una obra grande, cualquier proyecto espiritual, que no se rece por su éxito, difícilmente dará frutos. Te lo diré una y otra vez: "Sin la oración estamos perdidos."

~~~

NUESTRAS DEBILIDADES

Tenemos debilidades. Yo soy impaciente, me inquieto si no obtengo resultados inmediatos. El demonio se aprovecha y me golpea con fuerza, pero nunca he estado solo, Jesús siempre se inclina hacia mí, me tiende su brazo y me dice como a Pedro: "Claudio, ¿por qué dudaste? Dame tu mano, levántate y sigue adelante".

Cuando inicié este apostolado de la palabra escrita, escribí los libros, los diagramaba, diseñaba las portadas y compaginaba los libros en casa, artesanalmente. Era un trabajo muy pesado. Eso fue hace años, desde entonces hemos avanzado. Solía molestarme porque me estaba quedando sin recursos y todo marchaba mal. Los libros no se vendían y no sabía que más hacer.

Recuerdo aún la tarde en que, al borde de la quiebra, fui al patio interior de mi casa, miré al cielo y le dije a Dios: "Señor, ¡no puedo más! Te devuelvo tu editorial. No me pidas más que escriba estos libros. ¡Me harté! ¡Voy a dedicarme a otra cosa!"

Esa noche recibí un correo electrónico desde Chile. Apenas creía lo que estaba leyendo: "Señor Claudio. He leído varios de sus libros. Son bellísimos, pero la diagramación y el diseño de sus portadas dan tristeza, les falta calidad.

Sé que no es lo suyo. Yo trabajo como diseñadora gráfica para diferentes editoriales católicas en mi país. Esta tarde durante mi oración ante Jesús Sacramentado sentí que me decía: *"Ayuda a Claudio con sus libros, escríbele, necesita tu ayuda"*. Deseo hacer lo que me manda nuestro Señor y si usted me lo permite voy a diagramarle sus libros nuevamente y a diseñar todas sus portadas." Durante seis meses tuvimos trabajando todos mis libros y volvimos a empezar. ¡Fue sorprendente!

Somos vulnerables al dolor, las dudas, la indiferencia de nuestros hermanos, los malos momentos, el sufrimiento personal, la pérdida de seres amados, la enfermedad y las tentaciones del demonio. Jesús lo sabe, nos conoce bien, por eso constantemente nos invita a visitarlo en el sagrario. Es un prisionero por amor del sagrario. He visto cientos de milagros patentes, personas que fueron a verlo arrinconadas por las dificultades, al borde del abismo, vacíos, sin paz y hasta algunos que pocos días de vida, que recuperaron la fe, la esperanza, la salud.

Él no se cansa de ser dadivoso. Nos brinda las gracias que necesitamos para fortalecernos y que podamos continuar por el camino de la vida. Por eso cada vez que alguien me pide un consejo invariablemente le respondo: "Primero busca un sacerdote, haz una buena confesión sacramental y restaura tu amistad con Dios, luego visita a Jesús en el sagrario, habla con Él, cuéntale tus cosas. Jesús lo sabe todo y tiene todas las respuestas". Les garantizo que los va a ayudar. A los meses vuelvo a verlos renovados, cambiados, es increíble el inmenso amor que nos tiene Jesús.

Pero somos seres de carne y espíritu, susceptibles al pecado y caemos con facilidad cuando tenemos débil al alma, carente de la gracia. El diablo también lo sabe y saca provecho de nuestras muchas debilidades. Ten cuidado, no descuides tu vida interior No tropieces con el pecado, no caigas. Para todo hay solución. Tu problema ofrécelo a Dios, acepta de buena gana su santa voluntad en ti, Aférrate a Dios, es un Padre bondadoso y nunca te defraudará. A pesar de todo lo que hagas Él siempre seguirá a tu lado, contigo, en tu interior.

El buen padre Teófilo Rodríguez me envió este listado de actitudes erróneas, graves errores espirituales que solemos cometer, para que advierta a los lectores de este libro, tengan cuidado y cuiden sus almas inmortales:

1. **La superstición.** Busca su definición en el Diccionario de la Real Academia Española: "Creencia extraña a la fe religiosa y contraria a la razón". Es parte de su estrategia para confundir y dudar de Dios con falsas creencias. Tantos caen en ella.

2. **El Fanatismo** es también otra estrategia para apartarnos de una auténtica Fe que se mide por los frutos, es decir haciendo el bien a todos. Nuestra religión se basa en el amor pues Dios es amor. Jesús nos recuerda una realidad: "No todo el que me diga: "Señor, Señor", entrará en el Reino de los Cielos, sino el que haga la voluntad de mi Padre celestial. Muchos me dirán aquel Día: "Señor, Señor, ¿no profetizamos en tu nombre, y en tu nombre expulsamos demonios, y en tu nombre hicimos muchos milagros?" Y entonces les declararé: "¡Jamás os conocí; apartaos de mí, agentes de iniquidad!" (Mateo 7)

3. **Los falsos placeres**: Comida, bebida, diversiones excesivas como si de ello dependiera nuestra verdadera felicidad. Con esta epidemia del Coronavirus algunos se han lanzado a vivir como si el mañana no existiera, pero otros han tomado el mejor camino, el de la confianza en Dios, abandonándose en su amor.

4. **El egocentrismo**. Buscar ser admirado, reconocido, aplaudido. En el fondo esconde el pecado capital de la soberbia que es lo opuesto a la humildad, el demonio aprovecha siempre este defecto para llenarnos de orgullo, arrogancia y soberbia. "No amen al mundo ni lo que hay en el mundo. Si alguno ama al mundo, el amor del Padre no está en él. Pues toda la corriente del

mundo, -la codicia del hombre carnal, los ojos siempre ávidos, y la arrogancia de los ricos-, nada viene del Padre, sino del mundo." (1 Juan 2)

Es urgente que tomes en serio este mensaje y luches por tu alma inmortal, que puedas tener al final de tus días una maravillosa eternidad al lado de Dios.

Por ahora necesitas dar algunos pasos elementales para fortalecer tu alma y tu fe. Luego podrás incorporar otros hábitos positivos en tu vida cotidiana, para tu crecimiento spiritual.

1. Restaura tu amistad con Dios, mediante el sacramento de la confesión con un sacerdote. Luego busca dirección espiritual.
2. Empieza a leer la santa Biblia.
3. Lleva vida sacramental, acude a misa diaria, comulga.
4. Reza. Te lo he comentado desde el principio y lo repito hasta el cansancio para que pongas atención y no lo ignores: "Sin la oración estamos perdidos".
5. Pide a Dios que aumente tu fe. "Señor auméntame a fe", no te canses de pedirle.

Lo demás vendrá por añadidura. Dios te mirará complacido por tu esfuerzo.

Has dado el primer paso, el que más cuesta y que lo conmueve. Vendrá a ti conmovido y te dirá: "Aquí estoy hijo mío. Ven". Y tú responderás emocionado por tanto amor, como el salmista: "En Dios sólo descansa el alma mía, de él espero mi salvación. Sólo él es mi roca y mi salvador, si es mi fortaleza, no he de vacilar... Sólo en Dios tendrás tu descanso, alma mía, pues de él me viene mi esperanza. Sólo él es mi roca y mi salvador, si es mi fortaleza, no he de vacilar." (Salmo 62)

Con Dios lo tienes todo, nada más te hará falta. Podrás conocer la Providencia Divina, yo llevo años viviendo de la Providencia, agradecido con Dios, por su amor infinito y su Misericordia conmigo, que soy un pecador. Para Dios somos especiales. Cuando experimentas su ternura brotan lágrimas de tus ojos, porque es tanta la gracia en ti que se desborda, no puedes contenerla y te ves urgido a compartirla con los demás, a perdonar al que más daño te ha hecho, y a amar a todos, aunque no te amen.

Tú solo quieres amar, aunque nadie te comprenda o te llamen: "bicho raro", y lo expresas en tu vida cotidiana con tus actos, pensamientos y palabras. Es un sentimiento nuevo para ti. Dios pasa y toca nuestras almas, nos llenamos del Espíritu Santo y clamamos:

"¡Abba, Padre!"

NO ESPERES PARA CONFESARTE

Qué malo es el diablo. Nos lleva sutilmente hacia el pecado. Y al caer en el mal, se activa nuestra conciencia y nos atormenta hasta que busquemos alivio en la confesión sacramental. Muchos moribundos anhelan la visita de un sacerdote desesperados por confesar sus pecados ante la proximidad de la muerte. Qué terrible es vivir con esa angustia. Recuerdo la historia que me conto un amigo sobre su suegro. Se encontraban en una fiesta familiar y se empezó a sentir mal. Lo llevó en su auto al Cuarto de Urgencias del Hospital. Le acostaron en una camilla. Mientras lo estaban llevando a revisión, tomó con fuerza el brazo a mi amigo y le dijo aterrorizado: *"Ayúdame. No estoy preparado para morir"*. No pudo decir más, en ese instante falleció.

He llegado a pensar que el tiempo de vida es un don que Dios nos concede para que podamos hacer buenas obras y ganarnos el cielo. No lo podemos pesar ni comprar con todo el dinero del mundo para alargar nuestra existencia.

Esto ocurrió en una eucaristía. El sacerdote me contó que esa mañana invitó a los fieles a confesarse al terminar la misa.

"Estaré un rato en la sacristía, al final de la misa, esperando en caso que alguno quiera confesarse. Háganlo.

Uno nunca sabe cuándo, lo llamara el Señor a su lado y es mejor estar preparados".

Nadie acudió. Al día siguiente varios de los fieles fueron a verlo. "¿Se enteró, padre?" "Ignoro de qué me hablan". "Ayer usted invitó a los fieles que estábamos en misa a confesarnos y estar siempre prepararnos para la muerte. Uno de los presentes, al salir de misa, mientras caminaba hacia su casa tuvo un ataque al corazón y murió en el camino".

Debemos estar siempre preparados para cando nos llame Dios. "Por eso estén despiertos, porque no saben en qué día vendrá su Señor." (Mateo 24, 42)

Amable lector, hoy es un buen día para que busques un sacerdote y hagas una buena confesión sacramental. **Haz una buena confesión y ten propósitos de enmienda.** Restaura tu amistad con Dios. Nada es más importante en este momento.

Sor María Romero también decía: "El no poder pensar en el pasado sin remordimientos es uno de los grandes tormentos. **Seamos pues, buenos, siempre buenos, para tener un tesoro de recuerdos y un porvenir feliz.** Ser bueno es mejor que ser sabio, que ser rico, que ser afortunado. Es de todas, la felicidad más segura. El hombre bueno no solo goza el solo de sus acciones, sino que difunde a su alrededor una atmosfera de felicidad que respiran todos los que le rodean."

Nunca he sido bueno dando consejos, cuento historias, vivencias, testimonios de fe, porque el testimonio mueve más que las palabras que se dicen sin dar ejemplo de vida.

Cuando no sé qué responder acudo a mi Biblia. Estoy seguro que en ella encontrarás la respuesta. En todo caso mientras puedas, haz buenas obras, con amor, mira al prójimo como a tu hermano y al pobre como a Cristo mismo. Nos dicen las Escrituras:

*"Ante todo, tened entre vosotros intenso amor, pues **el amor cubre multitud de pecados**."*

(1 Pedro 4)

"La limosna libra de la muerte y purifica de todo pecado. Los limosneros tendrán larga vida".

(Tobías 12, 9)

PUEDES VENCER AL DEMONIO

¿Quieres enfrentar directamente un ángel caído, un espíritu poderoso, inmundo, sin escrúpulos, cuyos pensamientos están llenos de maldad y odio por ti y la humanidad? Cometerías una tontería además que es muy peligroso, llevas las de perder. Abrirle una ventana para que entre a nuestros hogares o enfrentarlo sería un grave error. Esto es trabajo de un exorcista, un sacerdote católico debidamente autorizado por el obispo de la región. Tú nunca lo intentes.

Jamás podrías tener posibilidades enfrenándolo. Nunca lo intentes. Tiene demasiadas ventajas sobre ti. Pero no estamos indefensos. Tal vez no podremos enfrentarlo, pero sí defendernos y derrotarlo. Puedes vencerlo. ¿Cómo? Librando esa lucha en nuestro campo de batalla espiritual, no en el suyo donde tiene la ventaja. En el nuestro, estamos bajo la protección de la Virgen Santísima, tenemos las ayudas del buen san José y con Jesús caminando a nuestro lado, no hay nada malo que nos pueda ocurrir, si ponemos de nuestra parte, oramos con fervor, confiamos en la Providencia, nutrimos nuestra alma con la lectura de las Sagradas Escrituras y con los sacramentos de nuestra Iglesia, que es Santa, Madre y Maestra.

1. Tu vida debe ser de oración y misericordia con el prójimo.
2. Vive con alegría y naturalidad tu fe.
3. Ten vida sacramental. Los sacramentos de la Iglesia fortalecerán tu alma.
4. Disfruta cada momento como un regalo de Dios y sé agradecido.
5. Sé feliz, haz buenas obras y vive en paz.
6. Cuídate mucho de las tentaciones sutiles y agradables, cuida tu alma, sabiendo que ronda el mal.
7. No caigas en el pecado por más apetecibles que parezca. Recuerda que todo pecado tiene consecuencias.

Es inmortal, ¿qué puedes hacer en su contra?

Estamos en medio de una gran batalla espiritual. No puedes decir que lo ignoras. Es demasiado evidente. Mira a tu alrededor, lee las noticas de los diarios, descubre un submundo, oscuro que empieza a emerger sobre todo en las redes sociales, donde algunos ya hablan abiertamente contra Dios. No podemos ser ingenuos. No es el momento. Aquí, en este mundo terrenal y pasajero, se decide el destino de millones de almas, entre ellas, la tuya que es demasiado valiosa y debes cuidar como un Tesoro. Algunas almas llenas de pureza, irradiando amor, irán al Paraíso, y pasarán una maravillosa eternidad al lado de Dios. Otros, almas perdidas por las malas obras, la seducción de la carne, las apetencias del mundo y el excesivo amor al dinero, elegirán el infierno, y pasarán una eternidad apartados del amor de Dios. Estarán odiándose con el conocimiento de haber despreciado la oportunidad que se les dio una y otra vez para su salvación. Nuestro Dios es el Dios de las oportunidades, suelo decir, porque lo he experimentado en carne propia, caigo, me levanto y me dice: "Ven hijo, aquí estoy". Muchos desprecian estos momentos de reconciliación al sentirse intocables, por la soberbia y el odio que les crecía como la espuma. No han sabido amar ni perdonar. Les debemos nuestras oraciones y sacrificios, para que Dios les otorgue las gracias que necesitan para cambiar sus vidas.

Siempre recuerdo una persona que fue a verme a donde yo trabajaba por un asunto personal. Me pidió mi parecer y mi consejo. Estaba necesitado de un trabajo y no sabía qué hacer. Sabiendo bien que donde está la gracia santificante habita Dios y que nada le es imposible tuvimos este diálogo:

—¿Me permites hacerte una pregunta personal?
— Por supuesto Claudio.
—¿Cuándo fue la última vez que te confesaste?
—Hace tanto que lo olvidé.

—Estoy seguro que si tienes una contrición perfecta y te confiesas y recuperas la gracia y te esmeras en conservarla, Dios te va a bendecir con ese trabajo y más.

—Me comprometo a hacerlo Claudio, pero necesito que hables con fulano de tal, sé que es cliente de tu empresa y le dejé mi Hoja de vida hace un mes. Tal vez puedas preguntarle.

En ese instante suena el timbre de mi teléfono. Me disculpé para responder.

—Hola Claudio, te habla fulano de tal, de la empresa X.

—Santo cielo— pensé—. Era justamente la persona con la que mi amigo me pidió hablar.

Inquieto esperaba a que terminara de hablar. No tenía idea a quién tenía del otro lado del teléfono.

—Aló?

—Disculpa. Necesito pedirte un favor. Sé que en tu empresa un amigo dejó su Hoja de Vida hace un mes. Busca trabajo. ¿Podrías revisarla?

Le di su nombre.

—Justamente la tengo conmigo Claudio. Estaba por llamarlo para ofrecerle el empleo.

Mi amigo estaba conmocionado, no se creía lo que ocurría frente a él.

—Dios siempre escucha nuestra oraciones —. Le dije también emocionado por lo que acababa de ocurrir—. Te esperan mañana. Ya tienes trabajo. Te toca cumplir tu promesa a Dios.

—Lo haré Claudio. Lo haré— repetía mientras se marchaba y agradecía a Dios este favor.

El diablo no descansa en su afán de perdernos y apartarnos del amor del Padre. No se lo permitas. Lucha por tu alma y las almas en todo los que puedas. Ora por ellos. La buena palabra también los ayuda. Recuerda, en la gracia ocurren los milagros.

El Poder de los sacramentales

La Biblia nos insiste en que debemos protegernos. *"pónganse la armadura de Dios, para que en el día malo puedan resistir y mantenerse en la fila valiéndose de todas sus armas."* (Efesios 6, 13) Pero si eres ateo, ¿qué armadura te pondrás? ¿Comprendes ahora lo sutil que es la estrategia del demonio? Hace que dejes de creer en Dios y te desarma para que estés expuesto a sus maquinaciones, sin defensa alguna. Sé de algunos que han tenido experiencias horribles con el demonio, que disfruta metiéndoles el miedo en el alma para hacerlos caer. Sabe que el temor paraliza espiritualmente a una persona. Por lo pronto, si quieres protegerte, debes instruirte en nuestra fe, para que conozcas los dones y armas espirituales que la Iglesia pone a tu disposición, como los sacramentos y los sacramentales.

Los sacramentales, tienen efectos espirituales muy fuertes, nos fortalecen. Son un aliado poderoso en la lucha espiritual. El Catecismo nos dice de ellos: "Son signos sagrados con los que, imitando de alguna manera a los sacramentos, se expresan efectos, sobre todo espirituales, obtenidos por la intercesión de la Iglesia". (1667) Tienen un PODER grande para combatir, vencer al demonio y alejarlo de ti. El Catecismo de la Iglesia también advierte: "Los sacramentales **no confieren la gracia del Espíritu Santo a la manera de los sacramentos**, pero por la oración de la Iglesia preparan a recibirla y disponen a cooperar con ella". (1670)

Uno de los sacramentales más importantes por sus efectos espirituales y la protección que nos brinda son *las bendiciones*. Están en primer lugar entre los sacramentales. "Ciertas bendiciones tienen un alcance permanente: su efecto es *consagrar* personas a Dios y reservar para el uso litúrgico objetos y lugares." (1672) Recuerdo a mi abuela que antes de salir de la casa me llamaba, signaba mi frente y me daba su bendición. Todo el que haya pasado un periodo de su juventud en casa de sus abuelos seguro lo recordará. La bendición nos protege de muchos males, por eso debemos acostumbrarnos a bendecir a nuestros hijos y los hogares, con agua bendita. Si conoces un sacerdote pídele que bendiga tu hogar y a tu familia y cada cierto tiempo rocía los cuartos con agua bendita.

Lo primero que hago al despertar cada día es santiguarme, hago la señal de la cruz. Leí hace poco que, "el gesto de santiguarse con agua bendita, nos trae gracias divinas por la oración de la Iglesia. La Iglesia ha orado sobre esa agua con el poder de la Cruz de Cristo. El poder sacerdotal ha dejado una influencia sobre esa agua." Por tanto, no es cualquier agua que puedas beber o usar para otros fines. Tiene la bendición de un sacerdote.

Creo que te lo he contado a lo largo de este libro, santa Teresa de Jesús, quien tuvo desagradables encuentros con el demonio relataba: *"Sé por propia experiencia que no hay nada mejor que el agua bendita para expulsar al demonio de nuestro lado"*.

Tenemos también los **objetos religiosos benditos** como cruces, medallas, rosarios, escapularios. Yo cargo desde hace muchos años sobre mi pecho una cruz y una Medalla Milagrosa, bendecidos ambos por un sacerdote.

Cuando la Virgen María se apareció a santa Catalina Labouré en 1839, le mostró el modelo de medalla que quería se hiciera acuñar y le dijo: "Haz acuñar una medalla según este modelo, las personas que la lleven en el cuello recibirán grandes gracias: las gracias serán abundantes para las personas que la llevaren con confianza". Fueron tantas las gracias y los milagros que recibieron aquellos que la portaban con confianza, que el pueblo la bautizó como Medalla Milagrosa.

En mi libro sobre la Virgen relato varios milagros extraordinarios ocurridos en mi país a personas devotas de la Medalla Milagrosa, que la portaban con fe, confiando en las promesas de la santísima Virgen María. Cuando llegó el momento de crisis, no fueron defraudados. Yo los conocí, conversé con ellos y doy fe de la veracidad sus testimonios.

Pide a Dios que te cuide. Podrás decirme: "Pero Dios no me escucha". A lo largo de mi vida me he percatado que Dios es un Padre diligente, siempre está pendiente de sus hijos amados.

La Biblia nos da varias claves para que Dios te preste más atención y responda tus oraciones. De hecho, es muy sencillo.

"Apárta**te del mal y haz el bien**, busca la paz y ponte a perseguirla… Pero **tiene puestos sus ojos en los justos y sus oídos pendientes de sus clamores… En cuanto gritan, el Señor escucha, y los libra de todas sus angustias.**" (Salmo 34)

La limosna en tu favor

Los creyentes tenemos otro tesoro disponible a nuestro favor, una buena noticia que podemos compartir. "LA LIMOSNA BORRA MULTITUD DE PECADOS". Y no lo digo yo, que soy un simple escritor. Está en la Biblia. Allí encuentras la verdad y el camino a seguir.

"Con tus bienes haz limosna en beneficio de todos los que practican la justicia y el bien, y **no vuelvas la cara al pobre, para que el Señor no aparte su rostro de ti**". (Tobías 4, 7)

"Es buena la oración con ayuno, limosna y justicia. Es mejor tener poco con honradez que mucho con injusticia. **Es mejor dar al pobre que amontonar tesoros**…" (Tobías 12, 8)"

"**La limosna libra de la muerte y purifica de todo pecado**. Los que dan limosna tendrán larga vida". (Tobías 12, 9)
 "Además, para el que da, su limosna le queda como un precioso depósito ante el Altísimo. (Tobías 4, 11)"

Recuerdo haber leído la historia de un hombre que trataba con desprecio a los pobres, era egoísta y vivió para enriquecerse. Se convirtió en un famoso avaro. Un día murió y se presentó ante el juicio de Dios con su Ángel Custodio que lo acompañaba.

—No tienes una sola buena obra que presentar—le advirtió Dios con seriedad.

Y le preguntó:

—¿Nunca diste limosna?

Revisaron su vida y solo encontraron miseria, orgullo y avaricia. Cuando Dios iba a dictar sentencia su Ángel de la Guarda recordó algo. Una vez un pobre se acercó a pedirle pan y él, enfurecido lo insultó y le arrojó para que se marchara, un mendrugo de pan que lo golpeó en la cabeza.

—¡Una vez dio un pedazo de pan! — exclamó su Ángel Custodio — Aunque haya sido de mala manera, pero ¡lo dio!

—Tomaré este gesto como un acto de misericordia y te salvarás — sentenció Dios.

—No lo merezco—dijo el hombre, conociendo sus pecados, conmovido y avergonzado.

Nada pasa desapercibido para Dios. No hay nada oculto para Él. Dedica tu vida a hacer buenas obras, es la mejor forma como puedes compensar tus pecados ante Dios y luchar contra el mal, **desplazándolo con el bien** que tanto agrada al Padre. Por algo dicen las Escrituras: *"Feliz el que se acuerda del pobre y del débil, en el día malo lo salvará el Señor;"* (Salmo 41)

Esto ocurrió hace años, cuando mis hijos estaban pequeños. Una tarde decidimos salir a comprar unos helados. Tenía el auto estacionado afuera de la casa. En eso veo salir de las sombras de un gran árbol, cruzando la calle, a un hombre menesteroso, pobre, vestido con harapos, el cabello sucio y desaliñado, barbudo. "Me va a pedir algo", pensé. Y lo miré de mala manera. El hombre lentamente se acercó a mí. Yo sostenía de la mano a mi hijo Claudio Guillermo. Estaba alerta para decirle algunos improperios y que se alejara de nosotros. Hizo un pequeño alto. Me miró con la mirada más compasiva que he visto alguna vez. Todavía la recuerdo con vergüenza. Me miró a los ojos.

—Tienes una bonita familia — me dijo. Y continuó su camino.

Quede perplejo sin saber cómo reaccionar. Mi hijo me jaló la mano y me dijo:

—Papá, ese hombre merece que le des algo.

Reaccioné y respondí:

—Tienes razón. Vamos a buscarlo.

Subimos al auto y dimos algunas vueltas alrededor de la manzana, pero nunca dimos con él. Aquello era imposible, tenía menos de un minuto de haber pasado frente a mí. Aquel mendigo, me dejó una gran lección. recordé aquellas hermosas palabras que decía un santo chileno, san Alberto Hurtado:

"EL POBRE ES CRISTO".

Decidí en adelante **no negarle nada** a ningún pobre que me pidiera mi ayuda. San Francisco de Asís se había hecho esta promesa singular. "Nunca negar nada al que, en nombre de Cristo, le pidiera algo". La ocasión no tardaría en presentarse. Estaba otro día por salir a unas diligencias personales cuando se me acerca un hombre muy pobre. Me miró con un profundo dolor y suplicó:

—Tengo hambre. ¿Podrías darme algo de comer?
—Hermano, no te vayas. Vivo cerca y te traeré lo que me pides.

Corrí hacia mi casa, le preparé el mejor emparedado que podía, con bastante queso, jamón, salsas, lechuga, tomate, y lo acompañé con un vaso grande de leche fresca. El hombre, inquieto, me seguía esperando. Apenas probó bocado rompió a llorar como un niño:

—Tenía hambre —decía entre llantos—. Tenía hambre.

Ese cuadro de pobreza me conmovió profundamente. Nunca he olvidado ese momento tan doloroso. Ahora cuando veo a un pobre, sé que Cristo me espera en él y no lo hago esperar. Y tú amable lector, nunca lo olvides: "El pobre es Cristo".

DIOS MÍO, PERDÓNAME

Y si la muerte se aproxima y no tienes la posibilidad de acceder a un sacerdote para tener una confesión sacramental, **tienes dos opciones para salvarte**. Los católicos y creyentes, incluso los que dudan, deben saberlo. Nuestro Dios es el Dios de las oportunidades. Esto es algo que me encanta decir. Siempre está dispuesto a perdonarnos, aunque sea en el último fragmento de segundo de vida.

En estos tiempos difíciles que vivimos de confinamiento y Pandemia, en los que muchos están hospitalizados sin posibilidades de recibir el sacramento del perdón, para reconciliarse con Dios, la Iglesia, que es madre y maestra nos da una opción extraordinaria. Imagina que te encuentras en un naufragio, lejos de la costa, con posibilidades de perder tu vida, o solo, en una montaña y te has accidentado, o estás en una Unidad de Cuidados Intensivos por el Covid-19. Basta que pidas perdón a Dios con todo el corazón, es lo que se llama **"contrición perfecta"** y prometas que te vas a confesar tan pronto te sea posible. En ese momento **TODOS TUS PECADOS** te son perdonados.

¿Dónde puedes leerlo? Busca en el Catecismo de la Iglesia Católica (1451 y 1452) "Entre los actos del penitente, **la contrición** aparece en primer lugar. Es *"un* *dolor del alma y una detestación del pecado cometido con la resolución de no volver a pecar".* Cuando brota del amor de Dios, amado sobre todas las cosas, la contrición se llama **"contrición perfecta"** (contrición de caridad). **Semejante contrición perdona las faltas veniales; obtiene también el perdón de los pecados mortales**, si comprende la firme resolución de recurrir tan pronto sea posible a la confesión sacramental".

El Papa Francisco ha tocado el tema en una de sus homilías., en vista de la cuarentena y las muertes por el Coronavirus.

"Pero muchos me dirán hoy: «Pero Padre, ¿dónde puedo encontrar a un sacerdote, un confesor, porque no puedo salir de casa? Quiero hacer las paces con el Señor, quiero que me abrace, quiero que mi padre me abrace… ¿Qué puedo hacer si no encuentro sacerdotes?». Haz lo que dice el Catecismo. Está muy claro: Si no encuentras un sacerdote para confesarte, habla con Dios, que es tu padre, y dile la verdad: **«Señor, he hecho esto, esto, esto… Perdóname»**. Y pídele perdón de todo corazón, con el acto de dolor y prométele: **«Me confesaré más tarde, pero perdóname ahora»**. E inmediatamente volverás a la gracia de Dios. **Tú mismo puedes acercarte, como nos enseña el Catecismo, al perdón de Dios sin tener un sacerdote a mano**".

Ahora lo sabes. Si te encuentras en grave peligro de muerte, y sabes que puedes condenarte por tus muchos pecados, **puedes salvar tu alma y ganarte el cielo** con una contrición perfecta. Debes pedir perdón por amor a Dios. Basta un: "**Dios mío, perdóname**".

Decía el padre Jorge Loring en una de sus charlas: "Para salidas de emergencia cuando no tengas al lado a un sacerdote, en la hora de la muerte acuérdate decir estas tres palabras: "**Dios mío, perdóname**". Fácil de aprender y rápido de decir.

Ojalá en la hora de la muerte de acuerdes de decir estas tres palabras. ¿Pero si te mueres dentro de 50 años y lo olvido? Mi consejo para que no lo olvides es que lo digas todas las noches al acostarte. Primero 3 Avemarías, que son prenda de salación eterna, después un breve examen de conciencia y luego 3 veces *"Dios mío, perdóname"*. ¿Por qué digo tres veces? Para echarle corazón y decirlo con amor. **Y si te mueres esa noche, TE SALVAS."**

PARA TERMINAR

Escribí este libro con el corazón adolorido. Han muerto demasiado personas con esta Pandemia. Hay mucho sufrimiento en el mundo. Las redes sociales se han inundado con pedidos de oraciones por personas enfermas o moribundas. Hemos perdido demasiados sacerdotes, abuelos, madres, padres, hijos. El día de san José partió para el cielo el padre Cirilo Longo, un sacerdote de 95 años infectado con el Coronavirus. Sostenía en sus manos el santo Rosario y animaba a los médicos y enfermeras que lo atendían con estas palabras: "No tengan miedo, porque estamos todos en manos de Dios". Antes de morir nos dejó a todos este mensaje luminoso:

"Nos vemos en el Paraíso… Recen el rosario".

Sus palabras resumen todo lo que he tratado de decirte con este libro, somos ciudadanos del cielo. Para eso fuimos creados, para una maravillosa eternidad.

Estamos sumergidos en una batalla espiritual, en la que **el demonio despliega su caballería** y usa sus más crueles estrategias espirituales contra nosotros. No podemos verlo. Siempre he pensado que es una desventaja, luchar contra quien no ves, pero en este caso, es mejor no verlo nunca. ¿El premio en esta batalla? **"Nuestra alma inmortal"**.

¿Qué hacer entonces? Confiar en Dios, vivir en medio de su presencia amorosa, orar, hacer el bien. Tener la certeza de su amor.

"Dios te mira, seas quien seas. Y **te llama por tu nombre.** (Jn 10, 3). Te ve y te comprende, él que te ha hecho. Todo lo que hay en ti, lo sabe: todos tus sentimientos, tus pensamientos, tus inclinaciones, tus gustos, tu fuerza y tu debilidad... No es solamente porque formas parte de su creación, él que se preocupa incluso de los gorriones (Mt 10,29), sino porqué tú eres un hombre rescatado y santificado, su hijo adoptivo, gozando en parte de esta gloria y de esta bendición que eternamente él derrama sobre el Hijo único. Tú has sido escogido para ser su propiedad... Tú eres uno de aquellos por quienes Cristo ha ofrecido al Padre su última plegaria y la ha sellado con su sangre preciosa. ¡Qué pensamiento tan sublime, un pensamiento casi demasiado grande para nuestra fe!" (Cardenal John Henry Newman).

Dios que te cuida y te ama, te ha brindado armas espirituales para que te defiendas. Valora mucho la obediencia, la humildad, y cuando aceptas su santa voluntad. Sobre todo, Dios quiere que seas feliz, que no tengas miedo. Depende de ti. **No ofendas más a Dios** amable lector, esfuérzate por lograr la santidad, reza el Rosario, ve a misa, lleva vida sacramental. Da ejemplo para que ilumines el mundo con tu bondad.

Dios está esperando nuestra reacción a su llamado, tu arrepentimiento ante tantas ofensas cometidas, tus pequeños gestos de amor, tus propósitos de iniciar una nueva vida. Él espera por ti. Te ha convocado a la santidad. "Si yo cierro el cielo para que no llueva, si yo mando a la langosta devorar la tierra, o envío la peste contra mi pueblo; y mi pueblo, sobre el cual es invocado mi Nombre, se humilla, rezando y buscando mi rostro, y se vuelven de sus malos caminos, **yo entonces los oiré** desde los cielos, perdonaré su pecado y sanaré su tierra." (2 Crónicas 7, 13-14)

No deseo nombrar al innombrable, ha hecho tanto daño, pero es necesario que sepas de él. Aférrate a Dios y cuídate del enemigo de tu alma, no seas incrédulo. **El demonio existe, te lo repito.** Y no lo digo solo yo, que soy un simple escritor en busca de la verdad. Lo dice la Biblia, y, ¡de qué maneras!, para que no te queden dudas.

Hemos terminado el libro. Para celebrarlo fui a misa. Espero que te haya servido para conocer las armas que Dios ha puesto a tu disposición en esta cruel y terrible batalla espiritual. En medio de la Eucaristía recordé cuando empecé a escribir estos libros de crecimiento espiritual, la ilusión que tenía de llevar a Dios a los demás. Un domingo le pedí a un sacerdote que los leyera previo a publicarlos. Necesitaba que los revisara para saber que no contenían errores de doctrina.

Sabiamente me sugirió que los llevara al Arzobispado para que los leyera el Censor Eclesiástico. Me explicó que revisan el libro y te dan el **imprimátur** indicando que el libro "está libre de errores en materia de doctrina y moral católica, y se autoriza por lo tanto su lectura por los fieles católicos". Pensé que el procedimiento iba a demorar y sería complicado por lo que insistí y le pedí que fuese él. Me miró con amabilidad y me dijo estas palabras que se grabaron en mi alma: **"Si eres humilde, lo harás"**.

No era humilde, me costaba muchísimo aceptar hacer algo diferente a lo que había planificado, pero lo hice, y de allí en adelante me revisaron uno tras otro mis libros, incluyendo éste que has leído, y todos tuvieron una aceptación increíble entre los lectores.

Aprendí que hay dos virtudes que desarman las maquinaciones del demonio y lo alejan de ti: "humildad y obediencia". La humildad, que tanto agrada a Dios y la obediencia. Obedecer sus sagrados mandamientos que se resumen en amar, en las enseñanzas de nuestra santa Madre Iglesia y humildad para obedecer.

San Francisco de sales decía: "El arma más poderosa para vencer al diablo es la humildad". Y tiene sentido, fue el pecado del orgullo el que los cambió de ángeles a demonios.

LA OBEDIENCIA es una virtud que Dios valora mucho y la premia con gracias abundantes y milagros espectaculares. Se cuenta de Santa Rita de Casia que una mañana la superiora del convento, para probar su obediencia, le mandó regar un sarmiento seco, estéril que llevaba años sin florecer ni dar frutos y que iban a cortar. Dios premió a Rita su obediencia convirtiendo aquel palo seco en una hermosa parra que hasta hoy se muestra a los visitantes en el patio del convento de Casia. A pesar del paso del tiempo la parra sigue ahí y todos los años las religiosas envían al Papa una caja de uvas de la parra de Santa Rita.

Muchas personas dejan actuar al demonio, sin oponerse, como si él no existiera. Ignoran que hábilmente destruye nuestra esperanza, para que abandonemos la batalla espiritual. Hace daño a las familias y a todo lo que pueda. Por esto debemos actuar y echar mano a las armas que tenemos, nunca ser pasivos, y defendernos de sus mentiras, provocaciones y sutiles tentaciones que son tan atractivas.

El demonio es lo contrario al amor de Dios. Odia la creación. Podemos vencerlo y fortalecernos con: la oración, los sacramentos, la penitencia, el ayuno, la humildad, la obediencia, la fe, la meditación diaria de la Palabra. Ahora lo sabes, **el demonio nada puede contra**

el que es obediente. No soporta cuando rezas y se mantiene a distancia al acecho. Huye cuando te acercas con profunda piedad a recibir los sacramentos. Te deja en paz, cuando invocas a la Madre de Dios. Y se aleja de ti, cuando eres humilde y sincero.

Esta vida es muy corta, pasajera, **aspira lo eterno**, a la vida verdadera y no te dejes engañar. Siempre recuerdo cuando mi primer hijo Claudio Guillermo estaba pequeño, de unos 5 o 6 años. Una mañana se acercó a mi esposa Vida que hablaba de algunos eventos terribles que pasaban en el mundo. La tomó del brazo y le dijo con su típica sabiduría infantil: *"Mamá, yo quiero ser del equipo de Jesús".*

Me hizo reflexionar seriamente en mi vida, con aquellas inocentes palabras. Pensé en esta fuerte advertencia pronunciada por Jesús en Mateo 12*: "**El que no está conmigo, está contra mí**, y el que no recoge conmigo, desparrama."*

Ahora lo sabes, estamos en medio de una guerra. Ser ingenuos a estas alturas es insostenible. Se libra en el mundo una gran **batalla espiritual**. Mira a tu alrededor, lee las noticas en cualquier diario, es evidente. La lucha es despiadada y feroz por nuestras almas inmortales. Debes **instruirte en la fe**, vivir sacramentalmente, orar mucho, guardar el estado de gracia de tu alma como un tesoro y **leer la Biblia para que conozcas las armaduras que puedes usar y protegerte**, las armas a tu disposición para vencer. Al final de este libro, debes estar claro, el trofeo que el demonio quiere conquistar con sus tentaciones más sutiles, **es tu alma.** Y muchos caen redonditos ante la lujuria y un placer carnal pasajero, el dinero fácil y deshonesto, la soberbia y el abuso del poder para beneficiarse y beneficiar a sus amigos; la envidia, el aborto, blasfemia, adulterio y otros graves pecados, sin pensar en las consecuencias colectivas de sus actos. El maligno se deleita cuando caes. Le da coraje cuando te salvas.

No peques más. Busca a Dios. "Sabemos que el que ha nacido de Dios no peca, pues *lo protege lo que en él ha nacido de Dios*, y el **Maligno no puede tocarlo."** (1 Juan 5, 18)

Amable lector, *¿de qué lado estas?* Yo quiero ser del equipo de Jesús, *¿y tú?*

¡Dios te bendiga!

He terminado de escribir este libro hoy 31 de enero,
día de Don Bosco.

DEJA TU RESEÑA

¿Puedo pedirte un favor? Antes de cerrar este libro, por favor **vuelve unos minutos al sitio en Internet donde lo compraste.** Allí encontrarás la opción de reseñar su contenido.

Escribe una reseña del libro que acabas de leer.

Puede ser con palabras o marcando estrellas, como puntaje.

No te imaginas cuánto **nos ayudará** tu reseña para continuar este apostolado de la palabra escrita, con nuevos libros que tocarán otras vidas.

No te tomará más de un minuto y ayudará a otros posibles lectores a saber lo que encontrarán en este libro.

★★★★★

Más Vendido No. 1

Es hora de saber la
VERDAD.

Sorpréndase por
la acción oculta del
demonio en la **Iglesia**
y la humanidad.

Un libro escrito por un
católico, que **expone**
las estrategias del
demonio.

**Con Aprobación
Eclesiástica**

amazon books

Claudio de Castro

Con el Rosario VENCERÁS

EL MUNDO INVISIBLE
Donde ocurre la batalla final.

NUEVOS LIBROS DEL AUTOR
CLAUDIO DE CASTRO

¿TE INVITAMOS A LEER LOS "RECOMENDADOS"?

Puedes pedirlos en el portal Amazon de tu país.

Quisiéramos recomendarte otros títulos que pueden ser de tu interés y te ayudarán mucho en tu crecimiento espiritual. Tenemos del autor Claudio de Castro, más de 100 libros de crecimiento espiritual disponibles para ti, en el portal de Amazon. Estos son algunos de los más vendidos:

1. **El Mundo Invisible** / Best Seller.
2. Nunca te Rindas.
3. El Camino del Perdón.
4. Mi Ángel (Testimonios con nuestro Ángel).
5. El Desafío de Dios.
6. El Gran Poder Olvidado. Los 7 Dones del Espíritu Santo.
7. Un Encuentro con Dios.
8. El Sagrario
9. Soy católico, ¿y tú?

EL SAGRARIO DONDE HABITA JESÚS
Claudio de Castro

EL GRAN SECRETO
Cómo obtener lo que le pedimos a Dios

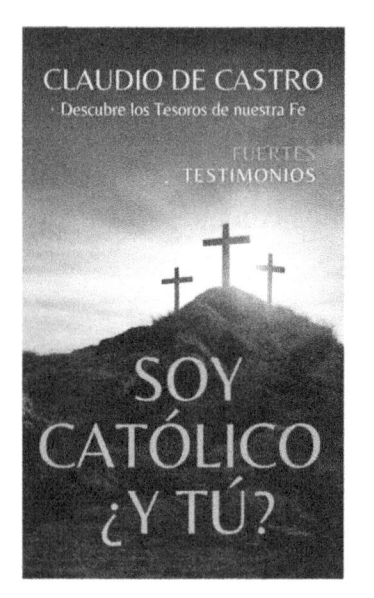

CLAUDIO DE CASTRO
Descubre los Tesoros de nuestra Fe

FUERTES TESTIMONIOS

SOY CATÓLICO ¿Y TÚ?

CÓMO ERA JESÚS EL HIJO DE DIOS

Investigaciones. Datos Bíblicos. Testimonios extraordinarios, y fascinantes.

Este libro CAMBIARÁ tu vida.

Claudio de Castro

EL AUTOR

Claudio de Castro (1957 -) es un conocido autor católico que publica desde hace años sus libros, sobre su búsqueda de la Verdad y de Dios, en formato impreso y digital. Sus libros, hacen un gran bien a los lectores y se hallan distribuidos en 15 países. Puedes encontrarlos también en Amazon de tu país. Basta que escribas su nombre en el buscador de Amazon y podrás ver todas sus publicaciones. Actualmente Claudio vive en Panamá con su esposa Vida, sus 4 hijos y una nieta y se dedica a escribir.

¿Te gustaría comunicarte con él? Éste es su email:

cv2decastro@hotmail.com

También puedes visitar su página web donde encontrarás otros libros similares, de autoayuda y crecimiento espiritual, para fortalecer tu fe y recuperar la esperanza, para encontrarte con Jesús en el sagrario, para darle un nuevo sentido a tu vida.

Te invitamos a visitarlo.

www.claudiodecastro.com

Made in the USA
Las Vegas, NV
28 March 2024

87890098R00154